U0863778

ENTERPRISE INCOME TAX
DIFFICULT AND COMPLICATDE ISSUES

第三只眼透视企业所得税疑难杂症

郝龙航◎编著

中国市场出版社
China Market Press

图书在版编目（CIP）数据

第三只眼透视企业所得税疑难杂症/郝龙航编著. —北京：中国市场出版社，2016.1

ISBN 978-7-5092-1442-8

Ⅰ. ①第… Ⅱ. ①郝… Ⅲ. ①企业所得税-税收管理-中国 Ⅳ. ①F812.424

中国版本图书馆 CIP 数据核字（2015）第 321479 号

第三只眼透视企业所得税疑难杂症

DI SAN ZHI YAN TOUSHI QIYE SUODESHUI YINAN ZAZHENG

编　　著　郝龙航
出版发行　中国市场出版社
社　　址　北京月坛北小街 2 号院 3 号楼　**邮政编码**　100837
电　　话　编 辑 部（010）68033692　读者服务部（010）68022950
发 行 部（010）68021338　68020340　68053489
68024335　68033577　68033539
总 编 室（010）68020336
盗版举报（010）68020336
邮　　箱　xhr1224@aliyun.com
经　　销　新华书店
印　　刷　河北鑫宏源印刷包装有限责任公司
规　　格　160 mm×230 mm　16 开本　**版　　次**　2016 年 1 月第 1 版
印　　张　17　**印　　次**　2016 年 1 月第 1 次印刷
字　　数　260 000　**定　　价**　50.00 元

感谢对本手册提供无私帮助、审核的同行们，
相信我们的探索是美妙的开始！

作　　者

第三只眼（郝龙航）　翰邦研究院首席运营官

编委成员

蔡桂如　江苏嘉和利管理顾问有限公司
陈　颖　中诚盈禾税务师事务所（北京）有限公司
吴鸿雁　河北钧正税务师事务所有限责任公司
赵　耀　山东理工大学
张　兵　唐山市国税稽查局
贾晓峰　内蒙古苏尼特右旗地方税务局
张秀艳　唐山曹妃甸发展投资集团有限公司
张丽丽　建信金融租赁有限公司

PREFACE

序

写此手册，缘于第三只眼筹备某培训事项有一些积累，自我感觉还不错，心想：何不整理出来，与同行共同交流分享？可能有人会问，第三只眼已经有厚厚的“深度分析”，这个“疑难杂症”，有何作用呢？且往下看：

——让我们的纳税人、办税人士，快速理解哪些是不该缴的税项，哪些是要缴的税项，哪些是存在争议的税项。不能光听某些同志、大佬说说就相信，还要有自己的观点和理解。

——让我们的服务机构，包括会计师、税务师、律师等，大家共同进步。术业有专攻，与其每个人都去深山修炼，不如大家共同分享，这次第三只眼抛砖引玉，希望能为提升我们服务人员的“专业水平”做出一点点贡献。“专业”是职业尊严的重要组成部分。

——让我们税务机关中的干部，倾听一下不同的声音，关注一下哪些是与自己的理解有差异的，哪些是没有注意到但确实存在问题的。希望本书能成为我们税务干部的好帮手、从业的好工具，愿大家在得出纳税人“不对”的结论时更加慎重。

书中的观点，部分是第三只眼本人或团队的观点，仅供参考。虽然我们努力站在中立的角度思考问题，但难免有自己的理解误区或者过于主观的想法，希望同行们多多指导。让“专业”成为前行的“路灯”，我们共同奔向远方。

为了帮助大家快速理解，小编将手册与企业所得税年度纳税申报表（2014 版）中 A105000“纳税调整项目明细表”的内容进行了对接，以便我们迅速识别并形成战斗力。

我们的写作团队，彼此之间的观点也有差异，手册都尽量呈现出来，供大家参考。同时，也请大家关注税法更新对其中内容的影响。由于认知所限，错误或误解在所难免，恳请读者多多指教！

在此，隆重感谢参与本次校验编写工作的几位有追求的同志（部分甚至未曾见面呢），感谢你们付出的时间、专业与热情！我们一起完成这样一个作品，这是我们共同的成长与努力的见证！本手册将持续更新，希望我们能够持续合作，共同碰撞出税务工作枯燥之下的激情火花！

第三只眼

2015 年 12 月

CONTENTS

目录

ENTERPRISE INCOME TAX

Difficult and Complicated Issues

第1章

收入类调整项目

收入有哪些困惑事项？无非就是会计收入与税收收入有哪些差异、何时确认收入、如何计算收入、有哪些税企争议等。但是，我们知道，收入在企业所得税汇算清缴中的关注度并非很高，不如费用让人“心动”，为何？因为收入涉及事项复杂，且不是仅看报表就能发现的，即使有专业技能也需要下真功夫，故此，收入是一个涉税风险较高的领域，同时也是一个有点“寂寞”的领域。

1.1 视同销售收入与视同销售成本

为什么说“视同”？因为我们在会计上没有确认收入，国家为了保障税收利益，避免企业自身或企业之间的一些行为影响税收，故定义了“视同”的提法，即这项收入虽然会计上不确认，但税法上要求计算税！所以“视同”是税法在会计基础之上的一种“创新”。

一项业务虽然没有给企业带来直接的现金流，但是在税收的角度认为它实现了销售，其本意是指对于企业非销售性的货物（包括应税劳务）转移行为，就像货物被正常销售了一样在税务处理上确认收入征收相应税种。

有的同志可能会问，不是讲视同销售收入吗？为何将视同销售成本也列在这儿了？这是我们经常陷入的“误区”，且听小编一一道来。至于有的同志仍然坚持“理想”，请再结合纳税人收钱的角度多想想。

视同销售收入与视同销售成本原本是“一对儿”，人家是“比翼齐飞，不愿分离”，偏偏有时我们棒打“鸳鸯”，这是何等“残忍”！不过，这个政策本身还真是有点让税法不知如何表达。

1.1.1 法规基本规定

《企业所得税法实施条例》规定，企业发生非货币性资产交换，以及将货物、财产、劳务用于捐赠、偿债、赞助、集资、广告、样品、职工福利或者利润分配等用途的，应当视同销售货物、转让财产或者提供劳务，但国务院财政、税务主管部门另有规定的除外。

国税函〔2008〕828号[1]文件规定：

一、企业发生下列情形的处置资产，除将资产转移至境外以外，由于资产所有权属在形式和实质上均不发生改变，可作为内部处置资产，不视同销售确认收入，相关资产的计税基础延续计算。

（一）将资产用于生产、制造、加工另一产品；
（二）改变资产形状、结构或性能；
（三）改变资产用途（如，自建商品房转为自用或经营）；
（四）将资产在总机构及其分支机构之间转移；
（五）上述两种或两种以上情形的混合；
（六）其他不改变资产所有权属的用途。

二、企业将资产移送他人的下列情形，因资产所有权属已发生改变而不属于内部处置资产，应按规定视同销售确定收入。

（一）用于市场推广或销售；
（二）用于交际应酬；

---

[1] 国税函〔2008〕828号，即《国家税务总局关于企业处置资产所得税处理问题的通知》。

（三）用于职工奖励或福利；

（四）用于股息分配；

（五）用于对外捐赠；

（六）其他改变资产所有权属的用途。

三、企业发生本通知第二条规定情形时，属于企业自制的资产，应按企业同类资产同期对外销售价格确定销售收入；属于外购的资产，可按购入时的价格确定销售收入。

注意，企业所得税的整个法规条文中，只规定了“视同销售收入”，却未提“视同销售成本”，是忘说了，还是不管成本只管收入算税呢？这就是后续章节的“争议源头”了。

1.1.2 汇算清缴的视同销售，如何发现企业的问题

文件已经说得很清楚了，东西没有流出企业，基本上不涉及视同销售的事[1]。只有在流出的情形下才要做视同销售。

现在很多企业都有业务招待，会送宣传的物品等，比如有的送杯子，有的送宣传册，有的在马路边送“团购”的订餐小广告，还有的扫码送玩具，超市赠送试吃品等，如此之多，诸位看到有几家企业调整过？实际情况是，很多年没有调整了。这是不是巨大的漏洞？如果要补税，得补多少呢？

同时，我们注意到，国税函〔2008〕828号文件中只提到了处置

---

[1] 在国税函〔2008〕828号文件中，对于资产移送到境外，也没有明确要不要做视同销售。小编估计是这个意思：要做，但这个基本上少有人关注，所以有必要查查。

或移送资产，未提到赠送劳务的事，比如京东电购，若80元以上免费送货，有没有视同销售？再比如超市开张送的消费卡——前几天可以免费停车，这些有谁关注过？现实情况是，现在基本上只盯着资产流动了，对于劳务多数根本不知道，税务机关也无法安装监控发现纳税人到底送没送劳务，所以虽然税法对此做了规定，但实务中基本没有劳务什么事。

纳税申报表中，如果企业未填写视同销售收入，对于大企业，基本可以说明纳税申报表填写有问题，没有反映出实际情况。纳税申报可能有问题，需要检查。

1.1.3 发现问题，如何调整

发现企业有问题了，没有完整填写纳税申报表，影响多少税款？企业或者税务师事务所的同志还不知道这个事如何处理，所以也挺紧张。

［案例］ 某企业为庆祝成立20周年，向老客户（有个人，也有企业）发放慰问品，每家一包花生米，共价值100元（没有取得增值税专用发票，也不抵扣），东西是企业从某超市买的。既然是免费发放给客户，那遵照税法规定，视同销售收入。（暂不考虑增值税的影响）

企业的会计处理如下：

借：销售费用或业务及管理费　　100
　贷：现金　　100

现在要调整，视同销售收入100元，补税计算：100×25%=25（元）。这还了得，老板一听很不爽啊，送个东西还要交税，快找找依据查证。

上面我们说的直接要求在《纳税调整项目明细表》(A105000) 中视同销售收入调增100元对不对呢？[即在《视同销售和房地产开发企业特定业务纳税调整明细表》(A105010) 中调增100元] 经过进一步落实，企业中的人士终于有了发现，说光让调增100元收入，那这个视同销售成本是什么？这100元我们一分钱也没有收到，还要再自掏腰包交税？有依据吗？我们可有自己的分析。

先看看《视同销售和房地产开发企业特定业务纳税调整明细表》(A105010) 的填表说明内容：

第1行“一、视同销售收入”：填报会计处理不确认销售收入，而税法规定确认为应税收入的金额。

第11行“一、视同销售成本”：填报会计处理不确认销售收入，税法规定确认为应税收入的同时，确认的视同销售成本金额。

请看，填写说明是在确认视同销售收入的“同时”确认视同销售成本，既然会计处理上都没有，这100元还要填写在视同销售成本中。我们的处理如下：

一是视同销售收入调增利润金额100元；

二是视同销售成本调减利润金额100元。

照此一分钱税都不应该缴纳，100－100＝0，结果还占了个销售收入额基数增大的好处，这是不是太奇怪了？不行，还要继续研究。现在我们倒是理解了视同销售收入，其实，它是“视同销售利润”调整的概念，因为企业转移的只是利润的空间，而不是收入作为计税的应纳税所得额的概念。

双方达成一致的理解是：还原企业的会计处理，从应收的角度还原业务投入的成本，这跟企业形成坏账的处理是类似的：

借：库存商品　　100
　贷：现金　　100

借：应收账款　　100
　贷：销售收入　　100

借：销售成本　　100
　贷：库存商品　　100

借：销售费用或业务及管理费　　100
　贷：应收账款　　100

所以，上述的结果就是：销售收入－销售成本＝100－100＝0，成本费用100元正好是企业所得税申报表填表说明的意思。这时，我们好像有点明白了。

再复杂一点儿，考虑一般纳税人涉及增值税抵扣之后的处理，假设其也同步做了增值税的视同销售：

借：库存商品　85.47
　　应交税费——应交增值税（进项税额）　14.53
　贷：现金　100

借：销售费用或业务及管理费　100
　贷：库存商品　85.47
　　　应交税费——应交增值税（销项税额）　14.53

还原之后是：

借：库存商品　85.47
　　应交税费——应交增值税（进项税额）　14.53
　贷：现金　100

借：应收账款　100
　贷：销售收入　85.47
　　　应交税费——应交增值税（销项税额）　14.53

借：销售成本　85.47
　贷：库存商品　85.47

借：销售费用或业务及管理费　100
　贷：应收账款　100

此时，同时考虑了增值税抵扣与视同销售，无非是视同销售收入与视同销售成本都是85.47元而已。还有一种情形是没有抵扣进项税额，只在销售时计提了销项税额：

借：库存商品 100
　贷：现金 100

借：销售费用或业务及管理费 114.53
　贷：库存商品 100
　　　应交税费——应交增值税（销项税额） 14.53

还原之后是：

借：库存商品 100
　贷：现金 100

借：应收账款 100
　贷：销售收入 85.47
　　　应交税费——应交增值税（销项税额） 14.53

借：销售成本 100
　贷：库存商品 100

借：销售费用或业务及管理费 100
　贷：应收账款 100

此时，企业吃亏在哪里呢？首先，增值税多交了14.53元。其次，企业所得税上形成了什么样的结果呢？视同销售利润＝85.47－100＝－14.53（元），由于业务宣传费中已经多计了14.53元，所以算是扯平了。但是，税务机关认可这种倒挂的视同销售收入与视同销售成本吗？如果税务机关认为，收入至少与成本一样才行，我们又如何解释呢？国税函〔2008〕828号文件规定，对于外购的资产，可以按购入时的价格确定销售收入。什么是购入时的价格？对于可抵扣的一般纳税人，一般是不含增值税的价格；对于不能抵扣的小规模纳税人，一般会想起价税合计的处理，这个需要结合增值税来分析。

如果按照规定，不按还原的方式处理，直接填写视同销售收入－视同销售成本＝85.47－85.47＝0，企业还是多交14.53元的增值税。所以在这种情形下，只能理解为：还原只是为了解释“视同销售”的调整是“视同销售利润”调整之目的。

1.1.4 何为视同销售的公允价值

既然是视同销售收入，这个收入可并不强制等于外购价值，如国税函〔2008〕828号文件规定，属于企业自制的资产，应按企业同类资产同期对外销售价格确定销售收入。

承上面企业与税务机关产生的争议，税务的同志回来之后，也想到了这个问题：不对啊，视同销售收入可并不一定等于视同销售成本，我们承认可以扣除视同销售成本，但是视同销售的价格必须公允。对于外购的资产，估计适用国税函〔2008〕828号文件还行，但也有不认可的可能，这里要再引用一下《视同销售和房地产开发企业特定业务纳税调整明细表》（A105010）的填表说明：

第5行“（四）用于职工奖励或福利视同销售收入”：填报发生将货物、财产用于职工奖励或福利，会计处理不确认销售收入，而税法规定确认为应税收入的金额。企业外购资产或服务不以销售为目的，用于替代职工福利费用支出，且购置后在一个纳税年度内处置的，可以按照购入价格确认视同销售收入。

难道这里只允许用于福利费，且在一年内？因为物价有可能涨。小编认为，这条说明还不足以否定国税函〔2008〕828 号文件的普遍性规定。

那能不能用加计类似 10%的毛利来计算企业的视同销售利润呢？对于生产企业，当然是可以的，但是对于非生产类的企业，可能企业就是按平进平出方式理解的。对此还真可能有争议，但至少非生产类的企业不是以销售为目的，不宜直接否定企业这样处理。

1.1.5　对于视同销售利润，如何进行纳税调整

前面，我们光考虑外购的情形了。此时，我们来分析生产类企业。有了视同销售的公允价格收入与视同销售的成本，应如何进行调整呢？注意，视同销售的公允价格并不一定高于视同销售成本，有时反而低一些，所以情形又复杂了一点儿。

［案例］　假定下列事项在企业所得税税前扣除时，分为不受限与受限两种情形，且又分为视同销售时产生盈利或亏损两种结果进行说明：

（1）不受限扣除调整的情形。

通常企业业务宣传费超标准的不多，且在此假设为不超标。如企业销售收入为 10 000 万元，会计上核算的业务宣传费为 50 万元，当期宣传赠送自产物品一批，公允价值为 30 万元，成本为 20 万元

（相当于50万元中有20万元是成本直接结转的列支），如何进行视同销售的调整？（增值税由于会计上已处理了，此处公允价值为不含税金额）

以下为该事项纳税调整的步骤（单位：万元）：

√视同销售收入30，视同销售成本20，视同销售利润10。

√视同销售利润10并入会计上已核算的业务宣传费50中，业务宣传费的税收金额合计是60。

√业务宣传费15%的扣除上限是1 500，因此60是不超标的，所以“业务宣传费及广告费”的税收金额应按60填列。

√《广告费和业务宣传费跨年度纳税调整明细表》（A105060）中无法体现10的调减金额（虽然该调整表是能够调增与调减的，但是调减是指以前年度结转过来的金额），只能在其他项目纳税调减，如在《纳税调整项目明细表》（A105000）扣除类“其他”中调整（这并不代表申报表设计成这样就是“打击”这个调整，这个调整是错的，只能说没有考虑明白），账载金额为50（并入调整内容中），税收金额为60，则计算结果为调减金额10。

√纳税调整时，利润的基础上增加了10，“其他”中纳税调减了10，整体调整结果为0。

如果公允价值为10，成本为20，结果会如何呢？

√视同销售收入10，视同销售成本20，视同销售利润－10。

√将－10并到50中，业务宣传费税收金额合计是40。

√基数不超标。

√账载是50，税收是40，当期纳税调增10，整体调整结果为：－10＋10＝0。

(2) 受限扣除调整的情形。

如企业销售收入为10 000万元，会计上核算的业务招待费为50万元，当期业务招待自产物品一批，公允价值为30万元，成本为20万元（相当于50万元中有20万元是成本直接结转的），如何进行调整呢？（增值税由于会计上已处理了，此处公允价值为不含税金额）

以下为该事项纳税调整的步骤（单位：万元）：

√视同销售利润为10。

√将10并到50中，税收上业务招待费共计60。

√扣除标准：60×60%＝36，销售收入千分之五为50，则较小者36为扣除限额。

√账载为50，税收为36，纳税调增为14。

√合计纳税调整为：10＋14＝24。

√如果不计算视同销售处理，则原来账载50，税前扣除30（即50×60%），纳税调增20；调整了视同销售利润，10中的4是不允许扣除的。

如果公允价值为10，成本为20，结果会如何呢？

√视同销售利润为－10。

√将－10并到50中，为40。

√扣除标准同上，40×60%＝24。

√账载为50，税收为24，纳税调增26。

√合计纳税调整为：－10＋26＝16。

√原来调增20（即50－30）；调整了视同销售利润－10，－10中的－4不允许扣除。

啥也不说了，要求调整时别太大方了就好，比如只调增收入、不调增成本；只调增利润、不调增亏损等，这些都是在税务检查或纳税人处理业务当中容易陷入的误区。

1.1.6 为何一项收入允许扣除两次成本费用

有人还是纠结：为什么视同销售收入允许扣除视同销售成本，还允许再扣除费用？是否重复了？

别纠结，关键原因是视同销售的收入没有人买单，企业要自己承担。

［案例］ 假设某公司2014年度只发生了一笔业务，就是将公司的库存商品用于业务促销，成本价格是80万元，市场价格是100万元，则当年度的企业所得税汇算清缴如何调整？（假设不考虑增值税的因素）

利润表的数据如表1-1：

表1-1

事项	金额（万元）
收入	0
减：成本	0
费用	80
利润总额	－80

现在要进行视同销售的纳税调整（单位：万元）：

(1) 视同销售收入为100，视同销售成本为80，差额为20，此20在税收上仍属于业务促销费用，所以要继续计算扣除。

首先我们转换为税收上的利润表的样子（见表1-2）：

表1-2

事项	金额（万元）
收入	100
减：成本	80
费用	80＋20
利润总额	－80

利润总额是不变的。

此时，可能有人会问：为什么要扣除两个80？如果是正常销售，只扣除一个80啊。如表1-3所示：

表1-3

事项	金额（万元）
收入	100
减：成本	80
费用	0
利润总额	20

问题在于：100是没有资金流入的，因此，必须自己给自己买单，所以扣除的成本80与正常销售是一样的，要从没有人买单转到自己的费用当中去，故此必须扣除第二次。这与增值税的视同销售是不一样的，增值税只是为了让多计算一笔销项税或税金，没有企业所得税的视同销售收入转成本费用的循环逻辑。

那我们如何进行纳税调整呢?

基于税收上的利润表数据调整:利润总额－80＋业务宣传费超标85(100×15％＝15,是扣除限额)＝应纳税所得额5。

也可以用另外一种思路,业务宣传费调整:100－15＝85,视同销售利润:20,费用的账载与税收列支差异:80－100＝－20,即－80＋85＋20－20＝应纳税所得额5。

可能有人还会纠结于国家没有得利,是不是政策理解得不对呢?这是因为企业所得税相对于增值税是不同的思考方式。根据我们上述讨论进行的总结,真诚希望我们的同志多多交流,推进共识的前进。当然我们也欣喜地看到,北京国税近几年开始对此观点进行明确,并告诉纳税人如何进行纳税调整,实为一种正能量的推动,而不仅仅是站在征税的角度思考问题。

我们思考一下,这个视同销售的政策,其实对于纳税人可能是费了力气,但并没有发挥出“征税”的功能,所以,小编建议对于企业所得税纳税申报表不用搞得这么复杂,直接奔着限额与视同销售利润两个地方下力气就可以了。

1.1.7 视同销售收入的基数,申报表未说明如何处理

新企业所得税法实施之后的第一版本申报表填表说明,提到了视同销售收入可以作为业务招待费、广告费和业务宣传费的扣除基数。2014版的纳税申报表填表说明中未曾提及,也没有在公式中予以考虑。既然在税说税,这个视同销售收入是可以作为计算基数使用的,并非没有说就要奔着对自己不利的角度理解,另外国税函〔2009〕202

号文件对此也是明确的。

单就视同销售收入并入来讲，即业务招待费、广告费和业务宣传费的税前扣除计算基数：A101010 第 1 行“营业收入”＋A105010 第 1 行“视同销售收入”，或 A101010 第 1 行“营业收入”＋A105010 第 1 行“视同销售收入”＋A105010 第 23 行“销售未完工产品收入”－A105010第 27 行“销售未完工产品转完工产品确认的销售收入”。

1.1.8　非货币性福利，已做会计处理则不再视同销售

企业会计准则规定，企业向职工提供非货币性福利的，应当按照公允价值计量。如企业以自产产品或外购商品作为非货币性福利提供给职工的，应当按照该产品或商品的公允价值和相关税费确定职工薪酬金额，并计入当期损益或相关资产成本。相关收入的确认、销售成本的结转以及相关税费的处理，与企业正常商品销售的会计处理相同。

[案例]　甲公司是一家生产笔记本电脑的企业，共有职工 2 000 名。2×14 年 1 月 15 日，甲公司决定以其生产的笔记本电脑作为节日福利发放给公司每名职工。每台笔记本电脑的售价为 1.40 万元，成本为 1 万元。甲公司适用的增值税税率为 17%。假定 2 000 名职工中 1 700 名为直接参加生产的职工，300 名为总部管理人员；甲公司于当日将笔记本电脑发放给各职工。

根据上述资料，甲公司计算笔记本电脑的售价总额及其增值税销项税额如下：

售价总额＝1.40×1 700＋1.40×300＝2 380＋420＝2 800(万元)

增值税销项税额＝1.40×1 700×17%＋1.40×300×17%
＝404.60＋71.40＝476（万元）

应当计入生产成本的职工薪酬金额＝2 380＋404.60
＝2 784.60（万元）

应当计入管理费用的职工薪酬金额＝420＋71.40＝491.40（万元）

甲公司有关账务处理如下：

借：生产成本　　27 846 000
　　管理费用　　4 914 000
　贷：应付职工薪酬——非货币性福利　　32 760 000

借：应付职工薪酬——非货币性福利　　32 760 000
　贷：主营业务收入　　28 000 000
　　　应交税费——应交增值税（销项税额）　　4 760 000

借：主营业务成本　　20 000 000
　贷：库存商品　　20 000 000

此时企业已经有会计处理了，主营业务收入－主营业务成本＝2 800－2 000＝800（万元），那这 800 万元跑到哪儿去了呢？直接跑到生产成本及管理费用里去了，这与我们之前视同销售的说法是一致的。所以没有人买单的“视同销售利润”就是成本费用。

1.1.9 有关增值税的视同销售

作为一个补充，一并说一下传统增值税的视同销售，因为跟企业所得税视同销售有相近性，略作解释。《中华人民共和国增值税暂行条例实施细则》规定如下的情形是视同销售：

第四条 单位或者个体工商户的下列行为，视同销售货物：

（一）将货物交付其他单位或者个人代销；

（二）销售代销货物；

（三）设有两个以上机构并实行统一核算的纳税人，将货物从一个机构移送其他机构用于销售，但相关机构设在同一县（市）的除外；

（四）将自产或者委托加工的货物用于非增值税应税项目；

（五）将自产、委托加工的货物用于集体福利或者个人消费；

（六）将自产、委托加工或者购进的货物作为投资，提供给其他单位或者个体工商户；

（七）将自产、委托加工或者购进的货物分配给股东或者投资者；

（八）将自产、委托加工或者购进的货物无偿赠送其他单位或者个人。

大家可能发现了，这里只提到了单位或个体工商户，没有提及个人，个人没有货物的视同销售问题，传统的加工、修理修配劳务也并不属于增值税的视同销售对象，这跟企业所得税不一样。那么，增值税视同销售的结果如何呢？对于一般纳税人而言，不管进项税额是否抵扣，销项税额要先计算出来。现在很多企业业务宣传送的东西，一般是直接全额计入费用，没有那么多抵扣进项税额的，全部费用化了，没有作库存商品管理，所以这也就是为什么2014年国家税务总局稽查局检查农业银行与建设银行时，要求其向客户或非客户无偿赠送的礼品，应当视同销售征收增值税。这可是要白白“拿走”的税，但是这个税是可以作为成本费用计入企业所得税扣除项下的，只是我们税务机关要判断属不属于所追溯期间的问题，虽抵了点所得税，但余下的还是股东自己承担。

其实现实当中，有的同志可能在思考增值税的问题，在此我们延伸一下。有的朋友认为个人消费的购进货物、接受加工修理修配劳务或者应税服务，明确不得抵扣，对于个人消费的解释中明确了包含纳税人的交际应酬消费。

交际应酬消费不属于生产经营中的生产性投入和支出，是一种生活性消费活动，且交际应酬消费和个人消费难以清晰划分，征管中不易掌握界限，容易导致纳税人偷避税行为，因此，为了加强征管，引导消费行为，规定对交际应酬消费不得抵扣进项税额，如业务招待中所耗用的各类礼品，包括烟、酒、服装等，不得抵扣进项税额。

有不得抵扣的情形，就有相应延伸企业的业务招待费中记录的赠送礼品，是否要做增值税视同销售的问题。简单理解，不得抵扣，就不应再有视同销售，消费链条终结，但从部分稽查部门的观点来看，也有对此认为企业需要对礼品做视同销售的观点，尽管在当前不占主流，但是从专业来讲，我们理解这是对的。如果纳税人解释，放弃抵扣，是不是就不用做视同销售，反正一抵也差不多？这只能是一种“讲理”的方式，尽管原来有两个地方明确过这样的规则，但后来废止了。因此对于采购礼品，纳税人往往只要增值税普通发票或通用发票，也不能抵扣，直接费用化，在这一点上，我们认为此部分的风险在税源紧张的时候终会得到深化。

1.1.10 “买一赠一”并非视同销售，但企业未按税法规定做的应如何处理

《国家税务总局关于确认企业所得税收入若干问题的通知》（国税函〔2008〕875号）规定，企业以买一赠一等方式组合销售本企业商

品的，不属于捐赠，应将总的销售金额按各项商品的公允价值的比例来分摊确认各项的销售收入。

可是企业会计处理根本没有按此要求处理，难道让企业再调整？此类调整对企业所得税有没有产生影响呢？

[案例] 某酸奶企业采取买一赠一促销酸奶，假设企业一共卖了 2 000 箱，每箱价格 50 元（不含增值税价格），企业送了 2 000 箱，相应的成本是 40 元/箱，则企业的会计处理如下：

借：应收账款	117 000	
贷：主营业务收入		100 000
应交税费——应交增值税（销项税额）		17 000

借：主营业务成本	80 000	
贷：库存商品		80 000

借：业务及宣传费	97 000	
贷：库存商品		80 000
应交税费——应交增值税（销项税额）		17 000

此时按照企业所得税政策的规定，要拆分 100 000 元的收入，即这里送的 2 000 箱不是视同销售赠送的处理规则，而是相当于降价卖的概念，故此，每箱的价格是 25 元，这才是实际的情形。虽然低于成本价，但是属于非关联方，也不能调整。只是有的人说了，不行，按照资产损失管理办法的规定，这个要做清单申报。企业一想，那也行，做一下也好，反正也不用准备什么资料，就是填个数据。

如此处理，相当于什么呢？收入还是那个收入的分录，收入金额没有变化，分录也没有变化，成本与费用分录发生了变化，两者合二为一：

借：主营业务成本　　177 000
　贷：库存商品　　160 000
　　应交税费——应交增值税（销项税额）　　17 000

此时可能有的朋友又问了，成本里为何还多了一个增值税，计入成本中，企业所得税税前允许扣除吗？且听小编言，本来这个增值税视同销售的事，也是要建议他们好好学习一下企业所得税的模范作用的，但是人家却不给这个明确的“口子”，多数情况下，企业只好作为赠送的视同销售了。其实企业也可以在开具的小票上写上 4 000 箱的销量，但是往往由于管理中代理商不接受等缘由，所以税上就吃了这个“亏”。如此这也是销售过程中发生的税费，自然是可以税前扣除的。

此时，我们能否延伸解读，国税函〔2008〕875 号文件规定了商品的“买一赠一”，要是劳务与商品的组合、劳务与劳务的组合呢？遵照一并发生的处理理念，估计税务机关的同志不予认可，认为这只是商品的适用。沟通也是有难度的，但毕竟企业所得税的基本原则还是有套路的，政策部门还是多有认可的。

1.1.11　内容小结

视同销售收入与视同销售成本是一对孪生兄弟，企业所得税进行的纳税调整是什么呢？是视同销售利润，而不仅仅是只调整视同销售收入。现在有些人还不大认可这样的理解，甚至坚持认为这个观点是不对的。我们可能无法适用哪条法规来反驳这种认识，但可喜的是：

第一，部分税务机关已经充分认可这样的处理；第二，我们的企业所得税汇算清缴申报表填报说明也是支持视同销售成本的同步填写的，不然要这个视同销售成本做什么用呢?

既然如此，其企业所得税的关注方向就是视同销售利润了。如果企业用于业务招待等有限额项目的赠送，存在视同销售利润的话，就将产生纳税调整的结果，而现实当中有很多业务招待费性质的支出，如礼品的赠送业务等并没有受到重视，原因有二：一是部分人士还没有掌握调整的技巧，二是部分人士还没有想到有此调整的后果。

不过，除了企业所得税（国家税务机关与地方税务机关都可能管）之外，我们国家税务机关的同志可以看看增值税的事儿，因为这是企业可能需要真真切切地从腰包里掏银子的补税事项。但是企业要是补了税，成本费用中也应认可企业扣除，税务机关不能都占“理”。至于当下营业税纳税义务人，一般解释是营业税的混合销售业务（参见国税函〔2006〕1278 号），则还是有理由与依据的。不过营改增之后，增值税的规则可就不这么痛快了，比如有的同志解释说不是无偿赠送，是间接有偿的形式等。这个问题一直存在，到现在还没有整体层面的解决方法。所以基于此分析，有的行业营改增后，更要注意进项抵扣与销项计提产生的同步，避免吃亏。但是如果有的企业本身就是小规模纳税人，则视同销售的增值税必然产生经营的成本，尽管在税前扣除，可以抵减部分企业所得税，但是对于利润的损害是明显的。

值得注意的是，我们的税务人士目前对于劳务的视同销售（增值税上现在存在加工、修理修配劳务，以及营改增的应税服务，都是企业所得税的劳务），基本上没有管理，也不知如何有效地实施管理，这可能是当下企业所得税及增值税视同销售的一个“空白地带”。

1.2 企业投资合伙企业的投资收益

对于企业投资合伙企业的投资收益如何征税，现在基本上属于监管空白，为何？因为合伙企业往往设在财政返还、招商引资力度大的地方，多数与投资方不在一个地方，主管税务机关要去实地检查，也难，只能看看对方的资料；甚至有的地方还实行核定征收。那对于投资方企业来讲，他们的企业所得税我们如何来监管呢？另外，政策本身也有争议之处，因为投资合伙企业的企业所得税适用，是从原来的合伙企业个人所得税规则延伸出来的，所以与企业所得税还存在未完全一致的情形，这也是理解与执行争议之处。

1.2.1 合伙企业的所得税政策案例及风险点

1. 如下内容为 2015 年 9 月 29 日《中国税务报》报道的合伙企业风险点

媒体

一公司为何短期内成立 14 家合伙企业?

税务机关步步为营查清合伙企业留存利润“猫腻”

金融企业通过成立有限合伙企业的形式对外投资，可以延期或规避缴纳企业所得税？近日北京市国税局第二稽查局从一个异常指标入手，发现一个通过打政策“擦边球”避税的案例，指出这值得所有以有限合伙企业形式开展私募股权投资的企业注意。

质疑经营模式：一个公司为何设14家合伙企业

前不久，北京市国税局第二稽查局接到任务，对A资产管理公司展开稽查。

进驻A公司后，检查人员核查企业的财务报表，比对分析其申报信息，同时针对资产管理行业的特点，对A公司的对外投资情况详细摸底。在摸底过程中，一个异常指标引起检查人员的注意：A公司自2012年底开始成立有限合伙企业，初期成立了3家，在2013年迅速成立多家，到2013年底，A公司成立的有限合伙企业已达到14家。

A公司为什么成立有限合伙企业，成立这么多有限合伙企业的目的是什么，这种经营模式是否存在涉税问题……一系列疑问浮上检查人员的心头。

双向延伸检查，发现合伙企业留存利润未纳税

经查相关资料检查人员发现，A公司成立多家有限合伙企业，以其全资子公司作为GP（普通合伙人），A公司或外部投资者单独或共同出资作为LP（有限合伙人），投资于不同的项目，从中获取投资收益。根据其合伙协议中的利润分配原则，在项目投资获取收益时，根据分配比例确定各合伙人分别获取的利润金额。

针对这种模式，检查人员约谈了A公司的负责人及财务负责人。

对方表示，成立有限合伙企业对外投资取酬，是资产管理企业惯常采用的一种经营模式，目的是降低投资风险，确保投资收益率。

这一解释并不能打消检查人员心中的疑问。检查人员接下来采取了两个行动：一方面，将A公司原有业务的投资收益率与其有限合伙企业所开展相关业务的投资收益率作比对；另一方面，延伸检查A公司及其关联企业的相关合同及记账凭证。结果有两个惊人发现。一是A公司部分有限合伙企业的投资收益率明显低于其原有同质业务的投资收益率，二是A公司2013年度取得的部分投资项目收益并未在当年分回，而是将部分利润留存在有限合伙企业，且该部分留存所得没有在当年度缴纳企业所得税。

例如，A公司作为LP与其作为GP的子公司成立B有限合伙企业，B企业与M公司签订两年期贷款项目。A公司通过增加实缴注册资本金的方式，将贷款所需本金转入B企业账户。B企业根据与M公司的协议，将贷款本金分期转入M公司账户。然后M公司按照协议规定时间将贷款利息转入B企业账户，B企业将贷款利息扣除相关税费后，通过利润分配方式分配给A公司。

此时，检查人员心中有了更大的疑惑：既然分配利润的权利掌握在有限合伙企业中，就是说分配利润的时间和金额具有相对不确定性，也就是说合伙企业可以分配利润也可以不分配，可以月末分配也可以年终分配，已经分配给A公司的利润A公司确认了收入，那么没有分配的利润该如何缴税？带着疑问，检查人员顺藤摸瓜，继续就该问题约谈A公司基金管理部门人员及财务人员，并对其财务负责人询问，制作询问笔录。

最终，检查人员发现，A公司设立的不同有限合伙企业获取投资收益的方式迥异，利润分配时间也存在差异，并且对于当年度各有限合伙企业的留存收益，A公司并未并入其当年度的应纳税所得额缴纳企业所得税。

深入分析+巩固证据，确定企业少缴税上千万元

针对有限合伙企业是私募基金的主要组织形式的特点，检查组对该问题展开深入分析。

A公司对于其投资的有限合伙企业留存收益的税务处理，是典型的有限合伙企业的涉税风险点。

根据《财政部 国家税务总局关于合伙企业合伙人所得税问题的通知》(财税〔2008〕159号)第二条规定，合伙企业以每一个合伙人为纳税义务人。合伙企业合伙人是自然人的，缴纳个人所得税；合伙人是法人和其他组织的，缴纳企业所得税；第三条规定，合伙企业生产经营所得和其他所得采取“先分后税”的原则。具体应纳税所得额的计算按照《关于个人独资企业和合伙企业投资者征收个人所得税的法规》(财税〔2000〕91号)及《财政部 国家税务总局关于调整个体工商户个人独资企业和合伙企业个人所得税税前扣除标准有关问题的通知》(财税〔2008〕65号)的有关规定执行。前款所称生产经营所得和其他所得，包括合伙企业分配给所有合伙人的所得和企业当年留存的所得(利润)。因此，即使A公司通过有限合伙企业取得的收益在当年度没有分回，也需要将有限合伙企业归属于A公司的留存利润缴纳企业所得税。

由于A公司设立的有限合伙企业不属于此次检查范围，为进一步巩固证据，检查组运用协查手段，向存在该问题的有限合伙企业下发《税务检查通知书》，查阅相关的记账凭证。根据合伙企业的资料，检查组审核制定了《合伙企业情况统计表》，列明了出资比例、合伙人、贷款项目名称、应分配利润、已分配利润、留存利润、分配时间等项目，使相关合伙企业的各项情况一目了然。

通过比对，检查组发现有7家合伙企业存在留存利润未分配给合伙人的问题。对此，检查人员高度重视，马上核实相关资料，将A公司所有有限合伙企业中的项目投资收益的分配收益和留存收益金额一一核对，核算出A公司未在当年度缴纳企业所得税的留存收益金额。

接下来，检查组分别约谈A公司的业务人员和财务人员，说明了相关合伙企业的设立、业务、核算、资金往来以及利润分配等情况。A公司人员表示，公司不能将留存利润并入应纳税所得额缴纳企业所得税，主要是因为有些通过有限合伙企业进行的投资项目，是与外部投资者共同运作，在项目结束前不能确认留存利润分配比例及金额。这时，检查人员拿出了通过协查调取的有关合伙协议，上面清楚地规定了各合伙人获取投资收益的比例，表明留存在有限合伙企业的利润归属A公司的比例也很清晰，这进一步证明A公司存在未确认有限合伙企业留存利润的问题。

经过细致讲解有关税收政策，A公司认同了检查组的检查意见，近日已按规定补缴2013年度企业所得税1 183万余元及相应的滞纳金。

作者单位：北京市国税局第二稽查局。

2. 如下内容摘自2015年9月11日《中国税务报》中《私募股权：受宠资本市场提防税务风险》一文

媒体

今年上半年，我国私募股权投资市场依然保持较高热度，我国境内共发生2 307起投资案例，披露的投资金额超过2 190亿元。不过，北京市西城区国税局的一项专项调研发现，不少私募股权投资基金存在四类风险：

□税务登记不完善，导致少缴税款；
□基金核算不规范，费用列支混乱；
□“先分后税”理解错误，迟缴税款；
□政策执行不到位，错享税收优惠。

现象：私募股权投资受到青睐

近日，北京市西城区国税局针对私募股权投资市场的一项专项调研发现，在“大众创业、万众创新”的大背景下，私募股权投资迅猛发展，成为资本市场的宠儿。但是，调查发现，一些私募股权投资税务处理很不规范，存在不少税务风险，亟须引起注意。

私募股权投资是指通过私募基金对非上市公司进行的权益性投资，包括AI（天使投资）、VC（风险投资）以及PE（私募股权投资）。从投资实质来看，AI、VC和PE没有本质的区别，业内普遍从投资对象对它们进行区分。一般来说，AI在公司萌芽状态或种子期就进入；VC主要侧重处于创业期的公司；PE则主要侧重处于扩张期和成熟期的公司。目前实务操作中，AI、VC和PE这些股权类投资是一种概念上的区分，在实际业务中它们的界限越来越模糊。

我国私募股权投资最早可以追溯到20世纪80年代，2004年出现投资成功的案例后，开始迅速扩张。特别是2012年“新三板”推出后，为中小企业股权转让提供了交易平台，进一步推动了我国私募股权投资的发展。据统计，2015年上半年，中国私募股权投资市场依然保持较高热度，我国境内共发生2 307起私募股权投资案例，披露的投资金额超过2 190亿元。

私募股权投资受到资本市场如此的青睐，与其超高的投资回报率有很大关系。以业界疯传国际著名风险投资机构IDG投资乌镇旅游为例，2009年7月，乌镇旅游引入风险投资公司IDG，IDG以4 412万元入股了乌镇旅游，占其15%的股份。4年之后，也就是2013年7月23日，IDG成功退出，以4.14亿元的价格将股份转给了中青旅。4年800%的收益率，足以震撼资本市场。

私募股权投资作为一种高效率的投融资手段，在市场经济中对于促进资金融通和资源配置，推动经济发展，作用凸显。

不过，需要高度关注的是，我国私募股权投资的形式和结构千变万化、错综复杂，其中最具代表性的，是股权投资企业联合投资者（个人或企业）通过成立合伙制的股权投资基金，对被投资企业进行投资。

从实践看，私募股权投资基金（有限合伙制）是一个独立核算实体，其财务和税务处理均独立于普通合伙人（私募股权投资企业）和有限合伙人（投资者）而单独进行。在税收政策方面，私募股权投资基金公司应独立缴纳营业税，按照《关于个人独资企业和合伙企业投资者征收个人所得税的法规》（财税〔2000〕91号，以下简称“91号文件”）和《财政部 国家税务总局关于合伙企业合伙人所得税问题的通知》(财税〔2008〕159号,以下简称“159号文件”)的规定,合伙企业自身不是企业所得税的纳税主体,经营所得在合伙企业这层不征收所得税。

同时,普通合伙人(私募股权投资企业)是该项基金的发起者和管理者,从基金所得中获取管理费用和少量的投资收益,旗下基金的财务核算和经营要独立于自身的经营核算。按照91号文件规定,合伙企业以每一个合伙人为纳税义务人,合伙企业的投资者按照合伙企业的全部生产、经营所得和合伙协议约定的分配比例确定应纳税所得额。个人投资者按相应规定缴纳个人所得税,机构投资者按合伙企业**“先分后税”**的原则,就合伙企业的经营所得缴纳企业所得税。

苗头:四类税务风险逐步显现

根据91号文件和159号文件,我国对合伙制企业经营所得和其他所得实行“先分后税”的原则。那么在实务中,“分”和“税”的过程中有哪些税务风险?实践中越来越多的案例表明:私募股权投资中的税务风险越来越大。总体来看,主要有四类税务风险:

第一,税务登记不完善,易引发投资信息难追踪的风险,导致少缴税款。根据调研,部分合伙型基金由于对税收政策不熟悉而未及时进行税务登记;有些合伙型基金虽已进行税务登记,但登记较为随意,很多基金仅在地税部门办理税务登记,没有在国税部门办理税务登记;对于已进行国税税务登记的基金,信息也相对有限,尤其是投资信息披露较为简易,缺少对投资者、投资金额、投资收益、分红情况等信息的备案和披露,这对于基金投资人的税收管理极为被动，容易引发监管漏洞。特别值得注意的是，随着“营改增”的推进，有些基金的业务属于“营改增”范围，但没有参与“营改增”，留下了很大的税务风险。

第二，基金核算不规范，易引发会计信息不透明的管理风险。调研发现，目前基金项目存在监管漏洞，部分私募股权基金的基金管理人名下有“两套账”；私募股权基金不按规定独立运作、单独设账核算，基金管理机构与投资基金主体之间存在相互开票、费用混合列支等混乱现象，监管机构无从掌握基金的投资收益和分红等财务情况，而基金管理人对企业投资者无代扣代缴义务。因此，监管机构对基金投资人中企业投资者的监管存在一定的税务风险。

第三，对“先分后税”的理解不到位，易导致投资者滞后纳税的风险。按照 91 号文件和 159 号文件规定，合伙企业不是所得税纳税主体，但应成为应纳税所得的核算主体，“先分后税”的原则体现“穿透”税制的理念，与法人所得税税制不同。穿透税制下的合伙企业所得税，合伙人不同于股东，每个纳税年度无论合伙企业是否分配，均须计算出合伙企业的经营成果，并将该成果在各个合伙人（投资者）之间划分、分割，合伙人应以此缴纳税款。也就是说，无论是否分配，合伙人都应将划分所得合并入自身经营所得一同缴纳税款。但实践中，调研发现部分私募基金投资者，对“先分后税”的“分”理解为“分配”而不是“划分”，普遍存在不分红、不纳税的现象。随着投资基金规模的扩大，尤其是 PE、VC 投资的对象都属于朝阳产业，投资期较长，一般投资 5 年以上才对收益分红，投资者滞后纳税的风险也逐渐增加。

第四，投资人身份不能“穿透”，易带来收益错享税收优惠的风险。对于有限合伙形式的私募股权基金，现行税收法规对基金将投资收益分配至合伙人是否保留其原有属性，并按照其原有属性征税成为值得关注的焦点问题。按照企业所得税法及相关规定，居民企业直接投资于其他居民企业取得的股息、红利等权益性投资收益为免税收入。但居民企业作为基金的合伙人通过基金投资于其他居民企业取得的股息、红利，由于是间接投资，企业所得税法规定的免税收入是“直接”收入，而非“间接”分回的收入，因此，虽然合伙制私募股权基金按“实质重于形式”的原则具有“投资管道”的形式特征，但是现行企业所得税法并未对其真正赋予“管道”主体意义，因此不能享受税收优惠。在税法并未做出进一步明确规定之前，这是造成补缴税款的重要税收风险点。

举例来说，2011 年，某寿险公司等 6 家企业与某投资基金管理公司共同出资成立有限合伙企业，其中某寿险公司等 6 家企业为有限合伙人，投资基金管理公司为普通合伙人。该寿险公司出资额为 5 亿元，并以此为限对该有限合伙企业债务承担有限责任。2012 年，该寿险公司从有限合伙企业实现投资收益 507 万元，2013 年实现投资收益 1 878 万元。该公司在当年税务处理过程中将实现的投资收益确认为免税收入，并未纳入当年的应纳税所得额中缴纳企业所得税。

根据《企业所得税法》第二十六条规定，对于符合条件的居民企业之间的股息、红利等权益性投资收益以及符合条件的非营利组织的收入免征企业所得税。《企业所得税法实施条例》第八十三条规定，居民企业之间的股息、红利等权益性投资收益，指居民企业直接投资于其他居民企业取得的投资收益。根据上述规定，该企业作为基金的合伙人通过基金投资于其他居民企业取得的股息、红利属于间接投资，企业所得税法规定的免税收入是“直接”收入，因此该企业不能享受优惠政策，投资收益应计入当年企业所得税应纳税所得中计算缴纳企业所得税，补缴税款并加收相应的滞纳金。

建议：政策要用足，风险应防范

在现有税收政策框架下，私募股权投资基金要想既能正确享受投资带来的收益，又能用足、用好税收优惠政策，防范相关税务风险，基金管理人和基金投资人就不能“凭着感觉走”，而应从业务开展的实际出发，在平时做好功课。

一方面，应及时更新税收知识，掌握税收优惠政策动态。以“创业投资企业享受应纳税所得额抵扣”这一税收优惠政策为例，《国家税务总局关于实施创业投资企业所得税优惠问题的通知》（国税发〔2009〕87 号）规定，能享受应纳税所得额抵扣的创业投资企业，应是在符合其他规定前提下，工商登记为“创业投资有限责任公司”、“创业投资股份有限公司”的企业，也就是说，合伙型私募股权投资基金不能享受该税收优惠。

但是，这一规定在 2013 年已经被新的税收政策所突破。《财政部 国家税务总局关于中关村国家自主创新示范区有限合伙制创业投资企业法人合伙人企业所得税试点政策的通知》（财税〔2013〕71 号）规定，自 2013 年 1 月 1 日至 2015 年 12 月 31 日，注册在中关村国家自主创新示范区的有限合伙制创业投资企业，采取股权投资方式投资于未上市的中小高新技术企业 2 年（24 个月）以上，该有限合伙制创业投资企业的法人合伙人，可在有限合伙制创业投资企业持有未上市中小高新技术企业股权满 2 年的当年，按照该法人合伙人对该未上市中小高新技术企业投资额的 70%，抵扣该法人合伙人从该有限合伙制创业投资企业分得的应纳税所得额，当年不足抵扣的，可以在以后纳税年度结转抵扣。

今年，能够享受上述优惠的企业范围再次扩大。《财政部 国家税务总局关于推广中关村国家自主创新示范区税收试点政策有关问题的通知》(财税〔2015〕62 号，以下简称“62 号文件”) 规定，自 2015 年 1 月 1 日起，注册在中关村等所有国家自主创新示范区、合芜蚌自主创新综合试验区和绵阳科技城等示范地区的有限合伙制创业投资企业均可享受上述税收优惠。也就是说，62 号文件规定地区的合伙型私募股权基金，也能享受应纳税所得额抵扣这一税收优惠政策。

从“享受应纳税所得额抵扣的创业投资企业”这一税收优惠政策的演化中可看出，基金管理人若能及时学习并掌握相关的优惠政策，在投资时未雨绸缪、有效筹划，可以达到既能实现助力国家鼓励投资企业的发展，又能实现自身在税法规定范围减轻税收负担的目的。

另一方面，基金管理人和基金投资人应从源头上防范税务风险。针对调研中发现的私募股权基金税务登记不完善、基金核算不规范等税务风险，基金管理人应注意从创建基金伊始，设立清晰的日常税收管理规范，从源头防范税务风险。具体来说，就是要规范投资信息登记和披露，特别是在基金投资人信息出现变化时，办税人员在变更工商信息的同时，要及时做好税务登记信息的变更，确保税务登记信息的准确性和完备性，防范由于基金投资人税务登记不完善带来的少缴税款并产生滞纳金的税务风险。同时，要规范财务会计核算，避免由于基金核算的不规范和财务信息不透明引发税务风险。

针对调研中发现的私募股权基金对税收政策理解不到位、错误享受税收优惠等税务风险，基金管理人应注重从业人员对各项税收法规的学习和研究，确保准确理解税收政策口径。特别是在遇到模棱两可、含糊不清的税收政策问题时，要及时同税务机关或中介机构沟通交流，借助外脑解决问题，避免出现前文所述某寿险公司由于对政策研究不到位而补缴税款、加收滞纳金的情形。

值得一提的是，基金管理人还应在关注行业发展趋势、掌握行业运作模式的同时，注意对私募股权投资业务税务处理案例的搜集和分析，从成功案例中获得经验、从失败案例中吸取教训，力争将税务风险防患于未然。

3. 如下内容摘自网络文章《投资基金管理公司投资收益未缴企业所得税案》(作者：刘亚敏、周宁平)

媒体

一、案件整体情况

北京市海淀区地税局在对某投资基金管理公司（以下简称“A公司”）的检查中发现，该公司近两年存在大额免税的投资收益。在了解分析A公司具体的经营业务后，检查人员对投资收益是否免税产生了疑问，并针对疑点问题采取了一系列的调查取证及政策研究工作。

（一）基本案情

A公司成立于2010年，由全国知名房地产品牌开发商和投资机构共同发起设立，从事房地产私募投资基金。该投资公司牵头设立北京××投资基金（有限合伙）（以下简称“B基金”），并担任普通合伙人，执行合伙企业事务，同时召集其他有限合伙人加入此合伙企业。B基金对各个项目公司（以下简称“C类公司”）进行投资。在检查期间，A公司取得的收入主要来源于两个方面：(1) 对B基金或C类公司收取的管理费；(2) 从各个C类公司分回的投资收益。经调查核实，对于第一类收入，企业及时进行了相应的纳税申报，但对于第二类收入，企业认为是免税收入，未并入应纳税所得额，申报缴纳企业所得税。检查人员认为A公司通过B基金投资于C类公司取得的投资收益不符合企业所得税的免税政策，在与被查企业产生意见分歧的情况下，向上级税政部门进行了税政请示。

上级部门在了解案情后，认同海淀区地方税务局的处理意见，并给予回复：由于A公司是通过成立的B基金对C类公司进行投资，不属于居民企业之间的直接投资产生的投资收益，因此不符合《企业所得税法》第二十六条、《企业所得税法实施条例》第八十三条规定的免税的投资收益。与此同时，检查人员通过外调，核实了C类公司对于投资收益的账务处理，发现C类公司对于支付的投资收益做了如下的账务处理，借记“其他应付款”，贷记“银行存款”，余额为借方余额。这笔会计分录说明了C类公司向B基金分回的所谓投资收益并不是来自税后利润（C类公司自成立尚未盈利）。该证据进一步证实了A公司取得的投资收益不符合免税规定。经过检查人员多次向企业进行相关政策的宣传，A企业在政策及完整的证据下，终于表示认同税务机关的处理意见，补缴相应税款。

（二）目前的相关政策规定及本案的判定

1.《国务院关于个人独资企业和合伙企业征收所得税问题的通

知》（国发〔2000〕16号，以下简称“16号文”）的主要规定为：从2000年1月1日起停止对合伙企业征收企业所得税，其投资者的生产经营所得，比照个体工商户的生产、经营所得征收个人所得税。16号文在国家法规层面上首次确立了合伙企业不征收企业所得税的原则。

2.《财政部 国家税务总局关于印发〈关于个人独资企业和合伙企业投资者征收个人所得税的规定〉的通知》（财税〔2000〕91号，以下简称“91号文”）规定：投资者个人的生产经营所得，比照《个人所得税法》的“个体工商户的生产经营所得”应税项目，适用5%至35%的五级超额累进税率，计算征收个人所得税。

3.《国家税务总局关于〈关于个人独资企业和合伙企业投资者征收个人所得税的规定〉执行口径的通知》（国税函〔2000〕84号，以下简称“84号文”）的主要规定为：合伙企业对外投资分回的利息或者股息、红利，不并入企业的收入，而应单独作为投资者个人取得的利息、股息、红利所得，按“利息、股息、红利所得”应税项目计算缴纳个人所得税。84号文首次明确自然人合伙人就合伙企业“利息、股息、红利”等对外投资收益分配所得可以保留其原有法律属性计算缴纳个人所得税，同时部分地确定了合伙企业“先分后税”的原则，在一定程度上体现了合伙企业所得税“透明体”的特点，这也是投资人采用合伙制经营模式的主要原因。但是，84号文没有明确自然人合伙人除“利息、股息、红利”等对外投资收益以外的其他收入在分配时是否同样保留其原有法律属性。

4.《财政部 国家税务总局关于调整个体工商户个人独资企业和合伙企业个人所得税税前扣除标准有关问题的通知》（财税〔2008〕

65 号）在 91 号文的基础上对合伙企业层面发生的成本和费用的税前扣除标准做了进一步的细化和限制。

5.《财政部 国家税务总局关于合伙企业合伙人所得税问题的通知》（财税〔2008〕159 号，以下简称“159 号文”）第二条进一步规定：合伙企业以每一个合伙人为纳税义务人。合伙企业合伙人是自然人的，缴纳个人所得税；合伙人是法人和其他组织的，缴纳企业所得税。159 号文首次对法人和其他组织作为合伙企业合伙人情形下的所得税问题做出原则性规定，并正式确定“先分后税”的原则。但是，合伙企业从被投资企业取得不同类型的所得，这类所得在向合伙人分配时其性质是否保持不变？159 号文对这一问题仍未给出明确答案。

同时，《企业所得税法》第二十六条规定，“符合条件的居民企业之间的股息、红利等权益性投资收益”为免税收入，不计入应纳税所得。但是该法第一条又明确：“合伙企业不适用本法。”因此，对于合伙制基金从被投资企业获得股息收益并再次分配时，境内法人合伙人是否依然可以享受免税待遇，仍没有明确规定。

目前的税收政策对于法人合伙人从有限合伙企业分回的投资收益是否可以保留其原有法律属性，法人合伙人收到该类形式的收入是否应该缴纳企业所得税等，都没有明确的规定。根据本案的判定，可以表明目前税务机关采取了偏严厉的政策执行。即：否定了合伙企业为“税收透明体”，在合伙企业收到被投资企业分回的投资收益再次进行分配后，在法人合伙人层面上，对此部分收入没有认定保持原有的法律属性，从而不属于直接投资所得。

二、由本案引发的思考及建议

国内外基金之所以大量采用有限合伙制的组织形式，其中一个重要原因就是有限合伙制在所得税层面避免了双重征税。自20世纪90年代引入私募股权投资以来，我国就推出了多项税收政策。这些政策对我国私募股权投资的发展发挥了重要的促进作用。其中关于所得税的相关规定对有限合伙制私募基金最为重要。有限合伙制私募股权基金实行的是“先分后税”的原则，即在基金层面不需缴纳企业所得税，而是由基金的合伙人在取得分成收益时分别纳税，从而避免了公司制私募股权基金存在的“双重征税”问题。

本案中，税务机关依据现行政策并在取得上级政策支持后，对投资企业进行了补缴税款的处理。依据避免重复征税、保持税收中性等税收立法基本原则，笔者认为应对法人合伙企业权益性投资收益给予免税待遇。

承前例，C类公司向B基金分配了投资收益，B基金又按协议向A公司进行了分配。假设A公司在2014年收到投资分回的收益4 500万元，这部分收益在C类公司已缴纳了1 500万元的企业所得税[4 500/(1－25%)＝6 000，6 000×25%＝1 500]。在目前的税收政策下，如不允许A公司享受《企业所得税法》第二十六条税收优惠，在C类公司的6 000万元利润已经缴纳了1 500万元的企业所得税后，在A公司又要缴纳企业所得税：4 500×25%＝1 125（万元）。如果在理论上，A公司的最终股东为自然人的话，收到的所得为股息红利所得，仍需要缴纳个人所得税：(4500－1 125)×20%＝675（万元）。则该笔6 000万元的投资收益最终需要缴纳的所得税为：1 500＋1 125＋675＝3 300（万元），综合税负高达：3 300/6 000＝55%。而如果A公司从合伙企业取得的利润不征税，那最终税负为：(1 500+4 500×20%)/6 000=40%，基本上符合了税收中性的基本原则。

与此同时，根据《财政部 国家税务总局关于促进创业投资企业有关税收政策的通知》(财税〔2007〕31号）的规定，符合条件的公司制创业投资企业可按其投资额的70%抵扣应纳税所得额。但由于有限合伙制私募基金不是纳税主体，不需要缴纳所得税，因此，有限合伙制私募基金并不能享受此税收优惠政策。实践中，有限合伙制私募股权基金投资的对象也多是中小高新技术企业以及一些需要资金投入的朝阳产业，与公司制私募股权基金做同样的事，起到了同样促进市场经济发展的作用，因此，笔者认为在税收政策上不应厚此薄彼、区分对待。建议将法人企业通过有限合伙股权投资基金投资于其他居民企业的权益性投资纳入“免税”规定。

本案仅涉及法人合伙人企业所得税问题，其实对于个人投资者取得的所得也存在税收政策模糊与执行不统一的问题。比如，针对有限合伙自然人从合伙企业取得的投资收益存在两种政策规定，或比照“个体工商户的生产经营所得”征收5%至35%的个人所得税；或比照“利息、股息、红利所得”征收20%的个人所得税，而且各地方执行政策尺度不统一。

有限合伙已经成为私募股权基金法律架构中通常采用的法律形式，但目前合伙企业所得税法规政策的滞后和模糊可以说在一定程度上成为私募股权投资行业发展的障碍之一。因此，鉴于目前合伙企业所得税法规政策已经严重脱离现实情况，建议国家制定和出台《合伙企业所得税法》，根据目前合伙企业的实际情况和产业发展需要对合伙企业所得税政策做出统一和全面的规定。

4.“约定分红比例”收益被认定为借款利息的营业税相关文件借鉴

《国家税务总局关于中国人寿保险（集团）公司等发起设立北京国开国寿城镇发展投资企业相关涉税事宜的通知》（税总函〔2015〕300号）

北京市国家税务局、地方税务局：

经研究，现将有关中国人寿保险（集团）公司等发起设立北京国开国寿城镇发展投资企业（以下简称“合伙企业”）有关企业所得税和营业税的税务处理事项通知如下：

一、关于中国人寿保险（集团）公司和中国人寿财产保险股份有限公司（以下简称“中国人寿”）的税务处理

中国人寿与国开东方城镇发展投资有限公司、国开东方（北京）企业管理有限公司共同出资（均为货币出资）设立北京国开国寿城镇发展投资企业。根据投资合伙协议（以下简称“协议”）约定，在每个利润分配年度内按照实缴出资额，在预期年度投资收益率税前8%的范围内，中国人寿就合伙企业的分配收益享有优先分配权；每个利润分配年度从合伙企业获得的投资收益低于按其实缴出资额与预期年度投资收益率税前8%计算金额的，中国人寿有权选择退出；在最后一个利润分配年度，中国人寿在实际出资额加上预期年度投资收益率税前8%计算金额之和范围内，就合伙企业的收益和清算剩余财产享有优先分配权。

财政部、国家税务总局《关于合伙企业合伙人所得税问题的通知》

(财税〔2008〕159号)规定,合伙企业合伙人是自然人的,缴纳个人所得税;合伙人是法人和其他组织的,缴纳企业所得税。中国人寿作为法人合伙人,从合伙企业分回的税前收益应计入所得缴纳企业所得税。

《国家税务总局关于印发〈营业税税目注释〉(试行稿)的通知》(国税发〔1993〕149号)以及《国家税务总局关于印发〈金融保险业营业税申报管理办法〉的通知》(国税发〔2002〕9号)规定,以货币资金投资但收取固定利润或保底利润的行为属于贷款业务,应当缴纳营业税。中国人寿按协议从合伙企业取得的收益,应按照"金融保险业"税目照章缴纳营业税。

二、关于合伙企业借款利息的税务处理

根据协议,合伙企业以股东借款方式,投资于国都项目公司,借款利率为8%,利息按年收取。

《中华人民共和国营业税暂行条例》第一条规定,在中华人民共和国境内提供本条例规定的劳务、转让无形资产或者销售不动产的单位和个人,为营业税的纳税人,应当依照本条例缴纳营业税。《中华人民共和国营业税暂行条例实施细则》第二条明确,条例第一条所称条例规定的劳务是指属于交通运输业、建筑业、金融保险业、邮电通信业、文化体育业、娱乐业、服务业税目征收范围的劳务。《国家税务总局关于印发〈营业税问题解答(之一)〉的通知》(国税函发〔1995〕156号)规定,不论金融机构还是其他单位,只要是发生将资金贷与他人使用的行为,均应视为发生贷款行为,按"金融保险业"税目征收营业税。综上,合伙企业向国都项目公司提供借款取得的利息,应按照

“金融保险业”税目照章缴纳营业税。

1.2.2 合伙企业的穿透体，有些认“穿透”，有些不认“穿透”

从上面的报道来看，我们可以发现如下的风险点：

第一，对于合伙企业本身的“先分后税”，这个“分”的收益，因为合伙企业本身是不缴纳企业所得税的，所以不能享受企业所得税的股息红利免税政策。

第二，如果合伙企业本身再投资于其他公司，取得的企业税后股息红利，能否让作为投资者的合伙企业享受税收优惠免税？目前来看，部分税务机关认为没有相应的政策支持而不能享受这一优惠政策，存在不合理的理解。

第三，合伙企业的“分”，不一定是真分，是真分、假分、混合分都有可能。为何这样说呢？可能很多税务机关的同志也没有想清楚，可是税法就是这样规定的。如某合伙企业当年计算（合伙企业只是计算，不代表缴纳）的应纳税所得额是 100 万元，但是年底没有算完账，各投资人先不分，如某有限公司投资者约定应分 20 万元，那这 20 万元当年就要并入这个企业的应纳税所得额，来确定计算其应缴所得税。但是如果这个合伙企业亏损了呢，也能并进有限公司应纳税所得额来一并计算吗？答案是否定的，不行！税法也是这样规定的，财税〔2008〕159 号文件第五条规定，合伙企业的合伙人是法人和其他组织的，合伙人在计算其缴纳企业所得税时，不得用合伙企业的亏损抵减其盈利。估计诉讼也打不赢这个官司。所以，这种情形下，我们税务机关的同志要做什么？查看企业有没有投资合伙企业，投资后合伙企业的利润情形如何，先看看会计上的金额，虽然账可能乱，但至少得看看（下面我们将介绍合伙企业应纳税所得额是如何计算的）。

第四，合伙企业是多层的，怎么办？那就都不缴纳企业所得税，所有的“分”及其他规则，一下子穿透两家、三家、四家……都行。

1.2.3 合伙企业的应纳税所得额如何计算

上面转载的文章及小编的分析中都提到，合伙企业本身不缴纳企业所得税，不是企业所得税的纳税人，所说的“先分后税”，这个“分”是针对啥呢？其实，“分”的是应纳税所得额，而不是企业账面的会计利润，但这个应纳税所得额显然也是以合伙企业账面会计利润为基础调整出来的，谁去做呢？合伙企业虽然不缴企业所得税，但是也要计算应纳税所得额，感觉有点奇葩。

上面的这个应纳税所得额是如何计算的？是不是参照企业所得税的政策呢？非也。人家有自己的规则，因为合伙企业原来是承接个人所得税的政策来的。所以我们来看看，如何调整出这个应纳税所得额。

1.《财政部 国家税务总局关于合伙企业合伙人所得税问题的通知》(财税〔2008〕159 号)

根据《中华人民共和国企业所得税法》及其实施条例和《中华人民共和国个人所得税法》的有关规定，现将合伙企业合伙人的所得税问题通知如下：

一、本通知所称合伙企业是指依照中国法律、行政法规成立的合伙企业。

二、合伙企业以每一个合伙人为纳税义务人。合伙企业合伙人是自然人的，缴纳个人所得税；合伙人是法人和其他组织的，缴纳企业所得税。

三、合伙企业生产经营所得和其他所得采取“先分后税”的原则。具体应纳税所得额的计算按照《关于个人独资企业和合伙企业投资者征收个人所得税的法规》（财税〔2000〕91号）及《财政部国家税务总局关于调整个体工商户个人独资企业和合伙企业个人所得税税前扣除标准有关问题的通知》（财税〔2008〕65号）的有关规定执行。

前款所称生产经营所得和其他所得，包括合伙企业分配给所有合伙人的所得和企业当年留存的所得（利润）。

四、合伙企业的合伙人按照下列原则确定应纳税所得额：

（一）合伙企业的合伙人以合伙企业的生产经营所得和其他所得，按照合伙协议约定的分配比例确定应纳税所得额。

（二）合伙协议未约定或者约定不明确的，以全部生产经营所得和其他所得，按照合伙人协商决定的分配比例确定应纳税所得额。

（三）协商不成的，以全部生产经营所得和其他所得，按照合伙人实缴出资比例确定应纳税所得额。

（四）无法确定出资比例的，以全部生产经营所得和其他所得，按照合伙人数量平均计算每个合伙人的应纳税所得额。

合伙协议不得约定将全部利润分配给部分合伙人。

五、合伙企业的合伙人是法人和其他组织的，合伙人在计算其缴纳企业所得税时，不得用合伙企业的亏损抵减其盈利。

六、上述规定自2008年1月1日起执行。此前规定与本通知有抵触的，以本通知为准。

2.《财政部 国家税务总局关于印发〈关于个人独资企业和合伙企业投资者征收个人所得税的法规〉的通知》(财税〔2000〕91号）的计算规定

这个文件说的是个人所得税，即合伙企业应纳税所得额的计算是参照个人所得税的政策来制定的，而不是企业所得税。当然也有一些类似的地方，如下：

个人独资企业的投资者以全部生产经营所得为应纳税所得额；合伙企业的投资者按照合伙企业的全部生产经营所得和合伙协议约定的分配比例确定应纳税所得额，合伙协议没有约定分配比例的，以全部生产经营所得和合伙人数量平均计算每个投资者的应纳税所得额。前款所称生产经营所得，包括企业分配给投资者个人的所得和企业当年留存的所得（利润)。

凡实行查账征税办法的，生产经营所得比照《个体工商户个人所得税计税办法（试行)》(国税发〔1997〕43号）的规定确定。但下列项目的扣除依照本办法的规定执行：

（一）投资者的费用扣除标准，由各省、自治区、直辖市地方税务

局参照个人所得税法“工资、薪金所得”项目的费用扣除标准确定，投资者的工资不得在税前扣除；[1]

（二）企业从业人员的工资支出按标准在税前扣除，具体标准由各省、自治区、直辖市地方税务局参照企业所得税计税工资标准确定；[2]

（三）投资者及其家庭发生的生活费用不允许在税前扣除，投资者及其家庭发生的生活费用与企业生产经营费用混合在一起，并且难以划分的，全部视为投资者个人及其家庭发生的生活费用，不允许在税前扣除；

（四）企业生产经营和投资者及其家庭生活共用的固定资产，难以划分的，由主管税务机关根据企业的生产经营类型、规模等具体情况，核定准予在税前扣除的折旧费用的数额或比例；

（五）企业实际发生的工会经费、职工福利费、职工教育经费分别在其计税工资总额的2%、14%、1.5%的标准内据实扣除；[3]

（六）企业每一纳税年度发生的广告和业务宣传费用不超过当年销售（营业）收入2%的部分，可据实扣除；超过部分可无限期向以后纳税年度结转；[4]

（七）企业每一纳税年度发生的与其生产经营业务直接相关的业务招待费，在以下规定比例范围内，可据实扣除：全年销售（营业）收入净额在1 500万元及其以下的，不超过销售（营业）收入净额的5‰；全年销售（营业）收入净额超过1 500万元的，不超过该部分

---

[1] 财税〔2011〕62号修订规定：对个体工商户业主、个人独资企业和合伙企业自然人投资者的生产经营所得依法计征个人所得税时，个体工商户业主、个人独资企业和合伙企业自然人投资者本人的费用扣除标准统一确定为42 000元/年（3 500元/月）。

[2] 财税〔2008〕65号修订规定：个体工商户、个人独资企业和合伙企业向其从业人员实际支付的合理的工资、薪金支出，允许在税前据实扣除。

[3] 财税〔2008〕65号修订规定：个体工商户、个人独资企业和合伙企业拨缴的工会经费、发生的职工福利费、职工教育经费支出分别在工资薪金总额2%、14%、2.5%的标准内据实扣除。

[4] 财税〔2008〕65号修订规定：个体工商户、个人独资企业和合伙企业每一纳税年度发生的广告费和业务宣传费用不超过当年销售（营业）收入15%的部分，可据实扣除；超过部分，准予在以后纳税年度结转扣除。

的 3‰；[1]

（八）企业计提的各种准备金不得扣除。

小编理解，上面的政策内容给出的是如何将合伙企业的账面会计利润（可能是正数，也可能是负数）进行纳税调整后计算应纳税所得额。如果调整后应纳税所得额为正数，就需要根据出资者进行判断，如果是自然人，则计算其个人所得税；如果是法人，则并入其当年度的应纳税所得额（可能有弥补）计算缴纳企业所得税，此时企业不像取得工资薪金收入的个人一样有税前扣除费用 3 500 元之说。

1.2.4 合伙企业的应分应纳税所得额应在何地纳税

这真有可能“打架”，为何？比如北京的企业，到新疆设立了一家合伙企业，新疆当地给了不少优惠，但是在计算所得税时，税务局人士说这个税能不能交给新疆呢？这还真是个问题。且来看看关于个人所得税的规定：

参照财税〔2000〕91 号文件附件 1《关于个人独资企业和合伙企业投资者征收个人所得税的法规》第二十条：投资者应向企业实际经营管理所在地主管税务机关申报缴纳个人所得税。投资者从合伙企业取得的生产经营所得，由合伙企业向企业实际经营管理所在地主管税务机关申报缴纳投资者应纳的个人所得税，并将个人所得税申报表抄送投资者。

---

[1] 财税〔2008〕65 号修订规定：个体工商户、个人独资企业和合伙企业每一纳税年度发生的与其生产经营业务直接相关的业务招待费支出，按照发生额的 60%扣除，但最高不得超过当年销售（营业）收入的 5‰。

这里说明了一点，就是合伙企业的个人投资者是要在合伙企业实际经营管理所在地计算缴纳个人所得税的，但是没有涉及合伙企业有代扣代缴义务的法律责任问题。

那么，企业所得税是不是也是这样呢?

小编的理解是，企业所得税是法人税制，合伙企业不是投资企业的分支机构，也不适用分摊所得税的政策，所以在目前税收政策的口径下，只能在法人所在地汇总一并计算缴纳所得税（除了二级分支机构的分摊），但是有不同意见，还真有两个省份对此进行了“规定”：

鄂地税发〔2009〕37 号文件规定：关于合伙企业中法人合伙人的纳税地点问题，《财政部 国家税务总局关于合伙企业合伙人所得税问题的通知》（财税〔2008〕159 号，省局鄂地税发〔2009〕4 号转发）规定，合伙企业生产经营所得和其他所得按“先分后税”的原则处理。合伙人是法人和其他组织的，缴纳企业所得税。根据企业所得税法规定，居民企业之间的股息红利等权益性投资收益为免税收入，为防止税收流失，合伙企业中法人和其他组织应缴纳的企业所得税由合伙企业的主管税务机关负责征收管理。

在此之前，津地税所〔2007〕17 号文件也规定：对合伙企业中的法人合伙人分得的生产经营所得和其他所得，仍按财税〔2000〕91 号文件规定，以法人合伙人名义在合伙企业注册地地税局缴纳企业所得税。如国家出台新的税收政策，按新政策执行。

这不是为难投资人吗？从小编的理解来看，湖北地税与天津地税的规定，更多是借鉴了个人所得税的规定。但是我们知道，我国个人所得税是分类税制，扣除一个定额的标准，有所得就算税，而企业所得税却是以年度来计算应纳税所得额的，如果有亏损，还要在合伙企业所在地计算缴纳企业所得税。整个逻辑是存在问题的，所以这只能算是地方性政策的创新，却不完全符合基本原则。

1.2.5　合伙企业的应纳税所得额应于何时计算

通常理解，企业汇算清缴时能计算即可，但是如果合伙企业平时有分红，且并入了投资企业的会计利润，那么平时预缴的所得税就需要缴纳，年度汇算清缴时再多退少补。

年度汇算清缴时，如果只是“虚分”的应纳税所得额，由于投资企业会计上没有这部分“虚分”的应纳税所得额，需要进行纳税调增处理，作为收益所得的一项；如果第二年分回了一部分，在第一年调增的额度内，第二年是可以做纳税调减的，但企业实际分的钱可能并不等于原来计算的应纳税所得额的应分数，需要在计算企业所得税时考虑别多缴纳或缴重。同样，对于合伙企业的转让、清算，也要考虑这样的纳税调整因素影响。

[案例]　北京某企业甲，作为有限合伙人出资 1 000 万元，在苏州成立一家合伙企业，分成比例为 50%，若 2015 年苏州这家合伙企业挣了 500 万元，其间也没有其他应纳税所得额调整事项（因为只是一个壳机构），但是当年没有分。2016 年，甲将 500 万元的份额转让给赵四，金额 800 万元，其余份额退回，分回投资额共 700 万元。假设 2016 年没有发生其他经营所得等事项，甲企业如何计算企业所得税？

（1）2015 年度汇算清缴：甲虽然没有分到实际的钱，但是要计算应分的部分，500×50%＝250（万元），并入甲企业2015年度汇算清缴的应纳税所得额。

（2）2016年转让了一半的份额，转让份额的计税基础＝出资额的一半500＋应分应纳税所得额的一半125＝625（万元），转让收益为：800－625＝175（万元），这个125万元相当于分红转增的投资成本，只不过这里是交税，留存收益转增股本是免税而已。

（3）清算，类同转让，甲企业持有份额的计税基础是：500＋125＝625（万元），分回投资额700万元，清算收益为：700－625＝75（万元）。

1.2.6 内容小结

企业所得税的纳税人，如果有投资设立合伙企业的，所得税法规定的计税方式是“先分后税”，这里的“分”不是指“实分”，而是“应分”，分的事项不是直接使用会计账面利润，而是根据纳税调整的方式计算出来的应纳税所得额。现在看来，从合伙企业分配的所得不能享受免税优惠，即使是合伙企业从再投资的企业单位取得的税后利润，也不能享受“穿透”的股息、红利免税优惠政策。

时下，有限合伙企业更热门，因为其规避了投资者与经营者的风险承担职责，较好地进行了利益的割离。对于出资人，除了有限合伙制创业投资企业投资中小高新技术企业的投资额抵扣出资人应纳税所得额的特定适用（2年、70%两个条件，无限期抵扣）外，企业所得税方面没有其他明确区分。

上面我们看到了税务机关的检查案例及相应的风险点，因此企业的检查重点要从以下几个方面入手：

（1）首先这个企业有没有投资设立合伙企业，比如在其他应收款、持有至到期投资等科目中都有可能存在的投资。

（2）设立之后要查阅合同及对方的经营损益，通常我们在检查的时候，并没有特意关注应纳税所得额，只是看有多少账面上的利润没有分，这是不够的。

（3）分配的所得，有没有按股息、红利享受免税优惠的处理。

（4）如果合伙企业下面有 N 层的合伙企业，如二层、三层、四层，那就看最后一个有没有把利润开始往上算，直到算到直接投资的这一层为止。

（5）如果出现争议，即合伙企业设立地的税务机关要征收此部分税，如果按照当地的要求缴纳的话，回到投资企业所在地，当下是无依据允许抵减合伙企业在当地缴纳的税款的，包括当年、之后年度的处理。关于此问题，尚需国家政策管理部门规范各地的财政利益分割，招商的时候不要光想着好事——“硬”要税这样的处理。

1.3 未按权责发生制确认的收入

首先企业所得税法明确了权责发生制的核算原则，但是也给予了利息、特许权使用费、租金收入以合同约定应付时间来确认所得税收入实现时点的特殊规定。后来在《国家税务总局关于贯彻落实企业所得税法若干税收问题的通知》（国税函〔2010〕79 号）中规定了如果租金满足“交易合同或协议中规定租赁期限跨年度，且租金提前一次性支付的”，出租人有选择权责发生制核算的权利，因为租金往往一次性收取的多，是于纳税人有利的选择权，不是强制权。

但是我们要知道，企业所得税法实施条例只强调了权责发生制的收入处理，那么对应或应分摊的成本，是不是不管了呢？即：是否同样按权责发生制原则进行税前扣除？申报表上没有这样的设置，难道是忘了吗？

1.3.1 时间性管理的风险

因为纳税人在会计核算上是按照权责发生制原则来确认的，但税法上可能未到约定收利息等的时点，此时年度纳税人就相应的利息收入等要做纳税调减处理，之后年度必须在税上做纳税调增才能找回来，所以开始往往是清楚的，后来有可能就忘了。对于税务机关来讲，纳税调减之后，以后年度的纳税调增跟进，有必要作为专项来管理。

对于企业也是一样，往往人员变动后，之前的事就搞不清楚了。现实当中鲜有企业建立时间性管理台账进行管理，这其实一点儿也不难，只是有的领导不知道其危害程度有多大，有的同志也不愿意多想这方面的事，一年一次对付处理一下就行了。

1.3.2 金融机构放弃计提利息纳税调减的行为如何处理

现实当中，有的企业可能会放弃上述的处理方式，比如银行、融资租赁公司、证券机构，按常规计提的利息等，鉴于调整的复杂以及也不差那点儿钱，企业开始就不做纳税调减，就按权责发生制计税，税务机关该如何处理？是强制纳税人调整吗？从实践与税源收入角度来讲，小编通常不建议强制纳税人调整，但是如果在检查当中发现纳税人存在以前年度可弥补亏损的时候，就可能影响到各年度累计的应纳税金额，此时税务机关是可以进行调整的。

不过现实当中，小编也了解到，有的银行对于年末计提的利息，做了纳税调减，次月结息的部分，再在第二年度做纳税调增，这其中可能还真的有现金流的价值呢。所以如果不怕麻烦，调整一下更合规。

至于其他企业，好不容易一年有一笔对外借款，约定到期还本付息，此时还是一笔笔搞清楚比较好，该做纳税调整就调整，严格遵照税法，当然也是严格保护税收的利益。

1.3.3 实际利率法下分期收款利息的纳税调整

企业所得税法是按照名义利率计算所得税收入的，但是企业会计准则却要考虑资金时间价值，这如何是好？首先税法并不适用实际利率法，尽管在旧所得税法下我们也认可实际利率法不做调整处理，但是新所得税法下，没有这样的规定，是需要进行纳税调整的。

这里我们还是举一个例子，方便后续的调整。采用递延方式分期收款、具有融资性质的销售商品或提供劳务满足收入确认条件的，按应收合同或协议价款，借记“长期应收款”科目，按应收合同或协议价款的公允价值（折现值），贷记“主营业务收入”科目，再按其差额，贷记“未实现融资收益”科目。

勿怪说企业会计准则就是想得多了，非要从道理上讲这么多，因为企业所得税法上还没有提出有关折现税款之类的规定。注意，这里的分期收款并不是几天之内的也算，根据企业会计准则讲解（2008版）的说法，通常三年以上的才按这样的规则处理。

[案例] 某公司销售商品一批，不含税金额1 000万元，增值税税款170万元，分四年收回款项，每年收回250万元加上增值税税款，按照企业会计准则规定，需要以融资性质进行账务处理，相当于给了购买方资金使用一样，要收利息。假设折现值为950万元，成本为700万元，则会计处理如下（单位：万元）：

借：长期应收款　　1 170
　贷：主营业务收入　　950
　　　待确认销项税额　　170
　　　未确认融资收益　　50

借：主营业务成本　　700
　贷：库存商品　　700

每年年末收到款项时的会计处理如下：

借：银行存款（1 170/4=292.5万元）　　292.50
　贷：长期应收款　　292.50

同时确认利息收入（此处是用实际利率法计算，我们暂且可以不考虑是如何计算出来的，只看会计结果即可），假设第一年为30万元，以后每年如此直至收完利息收入50万元及收回长期应收款。

借：未确认融资收益　　30

贷：财务费用 30

此时的企业所得税如何调整?《企业所得税法实施条例》明确以分期收款方式销售货物的，按照合同约定的收款日期确认收入的实现。所以理论上要进行如下的调整：

(1) 收入的调整。会计收入为950万元，第一年，税法上确认的收入为250万元，纳税调减700万元；第二年至第四年，每年纳税调增250万元，共纳税调增750万元。

(2) 费用的调整。以后每期的利息收入如第一年30万元（不全是30万元，是变化的金额)，共50万元全部做纳税调减处理。纳税调减利息收入30万元（利息收入也是虚多的，其实税法上就是销售货物，非要整出一个利息收入，自己把自己算晕了，还有对方可能列的利息支出，这不是折腾吗? 估计有人还可能向对方索要利息的营业税发票呢，这肯定还是有争议的。但这只是一项会计处理，税务上简洁有力，就是货物的销售)。

(3) 成本的调整。会计成本为700万元，第一年，税法上确认的成本为175万元，纳税调增525万元；第二年至第四年，每年纳税调减175万元，共纳税调减525万元。虽然申报表上没有涉及这块，但是还是要按照税法基本原则进行调整，小编建议在《纳税调整项目明细表》“跨期扣除”等项目进行调整。

说完了企业所得税，我们再来看看增值税。会计上开始一下子就计提了增值税170万元，但依据《增值税暂行条例实施细则》纳税义务发生时间的规定，约定分期收款的，也是在合同约定收款之时确定纳税义务发生时间，前提是不要提前开具发票。这时有人会问，增值税都计提了，为何还不能要求纳税人交税？要知道，人家是借鉴国际会计准则来做的，与我们中国特色的税法还是有差异的，不要动不动就去想主观表达与税法处理之间的有利故事。

综上所述，对于分期收款确认的商品销售收入，如果会计上进行了一次性的确认，企业可以做纳税调减，但是同时必须关注，对应的成本也是要做纳税调增处理的。与此同时，还要看利息收入中的金额，有的话一概视为未发生处理，别忘了这个的影响。

1.3.4 如何分期确认收入的实现

上面我们讨论了分期收款销售商品的收入分期确认的情形，这是不能做扩大化解释的。《企业所得税法实施条例》规定：

二十三条　企业的下列生产经营业务可以分期确认收入的实现：

（一）以分期收款方式销售货物的，按照合同约定的收款日期确认收入的实现；

（二）企业受托加工制造大型机械设备、船舶、飞机，以及从事建筑、安装、装配工程业务或者提供其他劳务等，持续时间超过 12 个月的，按照纳税年度内完工进度或者完成的工作量确认收入的实现。

这里有何说法呢？分期收款方式销售货物，实施条例只提了货物，并没有提类同的劳务等，如果劳务分期收款，能否按照合同约定的收款日期确认？由于税法没有提，我们再创新或借鉴，是难以得到认可的。

其实我们还是可以再看一种情形，即如果提前付款，是否还是只认收款日期，以及收款日期是一个什么样的确定问题。

某客户任性，本来合同约定5月1日付款，现在非要3月1日付款，本来是好事，收款人苦恼了，不行啊，提前付款让收款人如何缴税？与税法规定条件不相符合，能不要吗？于是企业说了，有依据，最近纳税胜诉的案例充分说明了税收法定的原则，首先合同约定收款日期，这是白纸黑字，提前收款，这是钱的事，不违背合同约定，得了夫人又不折兵，当期可以不缴税。小编也认真地思考了一下，首先我们得考虑，一是为何给分期收款分期计税做这样的规定，二是这个税收的“漏洞”可以这样轻易使用吗？当然，一般来说任性的客户不多，所以平时这种案例也不多见。

可能有的人会认为，不就是一个时间性差异吗，国家税款没有少，不必太在意！这要是让补税，还有滞纳金之类的，估计就是站着说话不腰疼了。所以小编认为，尽管自查补税，企业多想用时间性差异的内容弥补，但滞纳金有时比税款还多！再者，如果合同约定与收款分离，企业签成合同分期收款（特别是关联方之间），尽管先收到钱了，但企业认为合同约定在先，不能缴税，如此，这个延缓计税方式是不是太明显了？当然，约定了分期收款，购买方也会反对，因此要先收到钱，有些激励还是可能存在的。

不过增值税与所得税的规定略有不同，即增值税规定的是书面合同约定，所得税规定的是合同约定（这里可以有口头合同），估计取证就难办了。

如何理解收款日期？第一，既然是日期，就应是相对固定的，如

2月14日、8月1日，这些都是固定日期，估计对此没有争议，比较清楚。当然非要说有没有阴历与阳历之分，那就有些矫情了，再说我们常规理解的都是阳历，而不是阴历。第二，验收之日起10日内，或者开具发票之日起10日内，这算不算合同约定的收款日期？按照小编的理解，这根本不固定，首先这个引起事件的前提就不固定，什么时间验收，什么时间开具发票，如开发票的时间，可以在发货的第一天，也可能是一年之后，谁说得清楚，小编认为这样还是有风险的，尽管弹性很大，有保护作用，但是不易被认可。

不过，如果说没有验收，风险没有转移，增值税与企业所得税都可以不做收入确认，因为对方还没有决定索要，并不是发了货就等于收入实现。故此，小编认为，收款日期还是固定为好，清楚有力，当然也不能被形式合同所误导。如果非要认为，上述“第二”中的日期也至少能定位于某一天，也不妨尝试，毕竟清楚地约定某一天，操作起来还是有难度，现实并不是税法想象得这么简单，有很多无奈。

1.4 投资收益

在申报表的填写过程中，要注意并不是所有企业的投资收益都对应“投资收益”科目，比如有的金融类企业，投资收益中的利息收入是计入主营业务收入当中的，此时有些如股权投资可以拿出来放在投资收益中单独填写，有些没有影响的也没有必要进行填写。

投资收益之所以受到重视，问题较多，重要之处在于税会差异的存在、核算科目的多样，因此其纳税调整便显得多样化且金额也相对重大。

1.4.1 权益法与成本法下的投资收益

一般我们最为熟悉、也最传统的投资，就是长期股权投资了。常规而言，我们可以通过表 1-4 来说明对于这种情形的处理。

表 1-4

核算方法	说明及分录	调整方法	常见问题
成本法	有分红就做账： 借：应收股利 　贷：投资收益 如果是留存收益转增资本，如何做账？	视为投资收益，直接确定是不是能够享受免税的股息、红利。问题是，是不是要考虑投资之后产生的归属于自己的部分呢？	有的企业会计不知道对方转增资本，或者次年度才取得分红决议，适用年度不对，需要关注。
权益法	根据对方净损益变化引起权益变动： 借：长期投资——损益调整 　贷：投资收益 分红时处理： 借：应收股利 　贷：长期投资——损益调整 如果是留存收益转增资本，如何做账？	会计上的盈亏，税上均不作认可，需要做相反的调整。但是如果分配现金股利时，由于会计上未在利润表中记录，需要先调增企业所得税的收入，再做减免税的调减处理。	分配现金股息红利时，是否进行了纳税调增处理，是否对于只是账上盈亏的处理进行了调整。

对于表 1-4 的内容，我们可以这样来理解，税法上股息、红利收入的确认时点是：被投资企业做出利润分配决定的日期，此时无论对于成本法还是权益法，适用规则是一样的。但是由于会计上对于成本法与权益法的核算规则不一样，因此，在企业所得税汇算清缴中针对权益法核算的长期股权投资调整时，如果有股息、红利的分红决议，必须先做股息、红利的纳税调增，再做免税收入确认后的纳税调减，相抵后结果为 0，纳税调增在《投资收益纳税调整明细表》（A105030）中调整，纳税调减在《免税、减计收入及加计扣除优惠明细表》（A107010）中调整。这是因为纳税调减的前提是以前纳税调增过或在

利润总额中有数才可能，但是由于权益法下损益调整的投资收益是视分红当年税收上未发生情形处理的，因此，自然没有纳税调减的前提存在，所以必须先按企业所得税的规则确认为所得税的收入，才能做免税的股息、红利的优惠处理。

当然有人会说，既然有点儿像视同销售某些情况一样“白折腾”，又没有影响到应纳税所得额的计算结果，那不调整行不行？这样容易被抓住“小辫子”，因为按照股息、红利免税政策的享受程序，是需要税务备案的，要是认为没有备案不得享受，那至少要先补税，然后等着办理备案之后再享受退税。不过现在，很少有人再坚持说没有备案就永远不能享受税收优惠待遇的条件，即“过了这个村，还是有这个店”的。这在《国家税务总局关于税务行政审批制度改革若干问题的意见》（税总发〔2014〕107 号）中曾有过相关规定：

各级税务机关应当严格区分行政审批和备案管理方式，不得以事前核准性备案方式变相实施审批。实施备案管理的事项，纳税人等行政相对人应当按照规定向税务机关报送备案材料，税务机关应当将其作为加强后续管理的资料，但不得以纳税人等行政相对人没有按照规定备案为由，剥夺或者限制其依法享有的权利、获得的利益、取得的资格或者可以从事的活动。纳税人等行政相对人未按照规定履行备案手续的，税务机关应当依法进行处理。

《国家税务总局关于发布〈企业所得税优惠政策事项办理办法〉的公告》（国家税务总局公告 2015 年第 76 号）进一步规定了纳税人的权利不因备案程序被剥夺。

1.4.2 股票与股权的不同税务身份

其实这个东西，就像我们在看会计处理时，一会儿长期股权投资，一会儿交易性金融资产，忙得不可开交，好像它们之间有多大差别一样，但其实它们的性质是一样的，即都是股东，无论是持有 1 股股票，还是拥有 100%股权，都是公司的投资者，在身份上没有差别。但在税务处理上可不相同，还真是有区别的。

在当下的政策下，两者有如下的基本差异（见表 1-5）：

表 1-5

事项	股权	股票
营业税	股权转让不属于营业税应税事项	股票买卖属于营业税应税事项，限售股后续转让存在争议，但多倾向于属于应税事项（从股权转变为股票后转让股票）
印花税	适用产权转移书据计算缴纳印花税	对买卖、继承、赠与所书立的 A 股、B 股股权转让书据，由立据双方当事人分别按 1‰的税率缴纳证券（股票）交易印花税
企业所得税	享受股息、红利免税没有时间限制	持有股票超过 12 个月才能享受股息、红利的免税优惠待遇
个人所得税	有转让所得计算缴纳个人所得税	限售股有个人所得税，除此之外公开市场买卖暂不征收个人所得税

中国特殊的税收政策出于适应经济环境的需要，对于同一个事项，却给出了两种不同的“外衣”及处理规定，充分体现了税收为经济服务的导向作用。

1.4.3 “新三板”的股票与股权的识别

新三板目前火得“挺招摇”，好像 A 股、创业板、中小企业板一下子都成了“半老徐娘”一样。在房地产投资领域的热度降低之后，流动的资金需要找一个战场，其间的得意与失意，恐怕只有个中人能体会了，在这里或许真正地体现了“胜者为王”的游戏规则。

股东之间的交易是套利的，而相应溢价的钱并没有流入企业，只是由于企业的所谓市场膨胀的关系，所以企业还是那么多资产，但是市价却是资本市场炒作的结果。试想谁的投资收益能在超过 30 年的时间里收回成本？恐怕大家都明白，但是玩的就是这个概念。

且不管这些，看看我们各种板块的税收政策，特别是新三板，相较于其他几个公众上市公司的板块来讲，有何差异。

拓展

何为新三板

从 2012 年及之前的默默无名，到 2013 年的崭露头角，到 2014 年开始频繁地见诸报端媒体，新三板到底是个啥？跟上市又有什么关系？作为从业者，下面我就相对全面地聊聊新三板：

一、新三板是怎么来的

新三板最早发源于北京中关村，主要是一些相对高科技的企业。而之所以叫“新”三板，是因为还存在一个老三板，主要是承载退市企业、很久以前的 STAQ、NET 转让系统三部分的公司股权转让，老三板基本已经死了，由于中关村的企业有限，因而当时的新三板也没多少成交额，交投极度不活跃。

2012 年，新三板扩大到 4 个国家级高新园区，项目来源大大扩展。2013 年底，证监会宣布新三板扩大到全国，对所有公司开放。截止到 2015 年 11 月 2 日，全国中小企业股份转让系统官网显示有挂牌公司 3 912 家，由此异军突起！

二、新三板投资有哪些交易方式

首先，新三板账户开设的门槛较高，条款如下：

个人新三板开户条件：

1. 需要 2 年以上证券投资经验（以投资者本人名下账户在全国中小企业股份转让系统、上海证券交易所或深圳证券交易所发生首笔股票交易之日为投资经验的起算时点），或者具有会计、金融、投资、财经等相关专业背景。

2. 投资者本人名下前一交易日日终证券类资产市值在 500 万元人民币以上。证券类资产包括客户交易结算资金、股票、基金、债券、券商集合理财产品等，信用证券账户资产除外。

机构新三板开户条件：

1. 注册资本 500 万元人民币以上的法人机构；

2. 实缴出资总额 500 万元人民币以上的合伙企业。

相比于主板、中小板以及创业板，门槛可是高多了。这决定了在目前的门槛下，一般只有专业投资者参与这个市场，因而活跃度相对较低。而新三板的交易方式主要有以下两种，外加一种计划正在推出：

（1）协议转让。

相对比较随意，可以挂单让别人点击成交，也可以预设一个倒手暗号，双方的成交额、暗号、价格必须完全相同，买卖方向相反才能成交。外加不设涨跌幅限制，因而价格变动很剧烈。通常来讲新三板协议转让的流动性较差，绝大部分公司挂板至今没有成交过。

（2）做市转让。

简单介绍一下做市商的概念，做市商实际上类似于批发商，从做市公司处获得库存股，然后当投资者需要买卖股票时，投资者间不直接成交，而是通过做市商作为对手方，只要是在报价区间就有成交义务。因此做市商为新三板提供了流动性，股权相比协议转让来说流动性更好。

（3）竞价交易。

还未推出，初步打算和主板、创业板市场使用一样的竞价交易方式，除了一些诸如投资者准入之类的门槛，大体上将会和主板市场差不多，同时我们预期竞价交易的公司将会推出一个专门的交易层次，门槛相比以上两种也会更为宽松一些，当然相应地，在竞价交易层次上的公司也会最为优秀。

三、新三板挂板的条件有哪些

如果仅仅是挂板，量化指标只有一条：经营满两年。

其他要求主要是：(1) 满足主营业务明确，具有持续经营记录的条件；(2) 新三板挂牌公司治理结构健全，运作规范；(3) 新三板挂牌条件，股份发行和转让行为合法合规；(4) 主办券商推荐。

四、税收上的事

鉴于新三板是股权交易系统的特性，虽然也叫股票，但是没有公开发行的股票，这是与其他板块存在差异之处，相当于自己玩上去的“上市”，因此我们可以梳理出如下的涉税差异：

(1) 印花税。

依据《财政部 国家税务总局关于在全国中小企业股份转让系统转让股票有关证券（股票）交易印花税政策的通知》（财税〔2014〕47号），自2014年6月1日起，在全国中小企业股份转让系统买卖、继承、赠与股票所书立的股权转让书据，依书立时实际成交金额，由出让方按1‰的税率计算缴纳证券（股票）交易印花税。与公开发行的股票的单边的证券交易印花税（卖出方千分之一）是一致的。

(2) 股息红利。

其中对于企业所得税只要是居民企业直接持有的，两者都享受免税待遇。但是要注意公开发行的上市公司股票的股息、红利有一个12个月内不得享受的限制。

其中对于个人所得税，两者的适用待遇是一样的：

《财政部 国家税务总局-证监会关于上市公司股息红利差别化个人所得税政策有关问题的通知》（财税〔2015〕101号）规定：

2015年9月8日起，个人从公开发行和转让市场取得的上市公司股票，持股期限超过1年的，股息红利所得暂免征收个人所得税。个人从公开发行和转让市场取得的上市公司股票，持股期限在1个月以内（含1个月）的，其股息红利所得全额计入应纳税所得额；持股期限在1个月以上至1年（含1年）的，暂减按50%计入应纳税所得额；上述所得统一适用20%的税率计征个人所得税。

全国中小企业股份转让系统挂牌公司股息红利差别化个人所得税政策，按照本通知规定执行。其他有关操作事项，按照《财政部 国家税务总局 证监会关于实施全国中小企业股份转让系统挂牌公司股息红利差别化个人所得税政策有关问题的通知》（财税〔2014〕48号）的相关规定执行。

这里就有一个所谓筹划的空间了：如新三板挂板前的未分配利润比较多，当时适用的个人所得税是20%，现在倒好，挂了一年之后可以暂免个人所得税，无形之中可省好多税。

（3）转让的所得税。

对于企业所得税来讲，转让所得是一样的。

对于个人所得税来讲，转让公开发行的上市公司限售股有个人所得税的纳税义务，其他的二级市场买卖股票是暂不征收个人所得税的。但定向增发的股票不在限售股计税之内，后期卖出是免税的。股权激励的股票，如是行权购入的，购入时计税，再卖出时免税；如是限制性股票奖励所得，卖出时点计税；股票增值权跟股票没有关系，就是衡量给钱的方式，算钱的个税就可以了。

对于新三板的个税政策，并没有上面的条条框框，都有个税的应税义务。

(4) 营业税。

新三板的股权转让是没有营业税的，买卖股票转让是有营业税的。对于限售股从股权转变为股票的营业税，也是一种要征的趋势，各地税务机关的探索比较多，大都做征税处理。

资料来源于网络，作者沈一冰。

当然这些税收政策是随着环境而变化的，也有可能趋于一致化，需要大家多多关注。

1.4.4 股权转让的时点如何确认

《国家税务总局关于贯彻落实企业所得税法若干税收问题的通知》(国税函〔2010〕79 号) 规定，企业转让股权收入，应于转让协议生效且完成股权变更手续时，确认收入的实现。转让股权收入扣除为取得该股权所发生的成本后，为股权转让所得。企业在计算股权转让所得时，不得扣除被投资企业未分配利润等股东留存收益中按该项股权所可能分配的金额。

［案例］ A、B企业（A为转让方）签订了100%的股权转让协议，约定金额为1 000万元，但为了控制B的付款行为，支付多少款项，A就转让多少的变更登记。如此，B支付了800万元，A就按80%同意与B完成了股权变更协议。

这种情形下，可能有两种结果，一种是拖账，不给钱了，双方打官司解约；还有一种就是停滞不管了，就转80%。现在税务机关要征税检查，如何处理？这是完成了部分股权变更手续还是一点也没有完成协议约定呢？

一是，税务机关可能认为，80%的股权变更，就应该按80%比例计算股权转让所得。

二是，企业认为，没有完成100%股权变更手续，收入完全没有实现。

首先确定转让协议是否生效，变更只是一种形式上的结果落地，如果双方认可合同是有效的，或者法院判决合同是有效的，那么有效的合同在执行80%变更的时候，这80%股权变更应视为已经实现所得。此时有个疑问，80%的股权变更如果说不算所得，那80%股权所对应的决策权与分红权，有没有实施？股东转让是可以切割的，不像卖汽车，切割一个车头卖人家不可行。从第三方的角度，可能认为这个合同没有执行完毕，但这是有效的合同，只是没有完成100%的交付与变更。

整体合同是否执行完毕，不是决定所得税确认收入的标准。企业所得税对于纳税义务的判断，不以执行合同全部义务为前提。比如，现在很多企业欠钱不还，难道企业可以不缴税吗？法院是否会支持呢？显然不会。除非当下认为这个合同违规无效，一切回归原位，则原来的交易推倒，可以不予认可实现了收入。其实这是一件挺无奈的事情，看似是从前往后考虑还是从后向前考虑的问题，毕竟税务上的争议，完全让第三方如法院给出判断收入的确认标准，是比较难的。因为法院更多是判断合同的效力问题，就算法院判断了税法的确认争议，仍有可能不解税法的“风情”，所以还是要加强宣传与影响。否则税法的规则我们自己人玩得挺“开心”，但是决策权在法院手中，法治的思维可不是税法的思维，从反面的角度看，这也会促进税法的健康进步。

1.4.5 从事股权投资业务的企业，其业务招待费的基数如何确定

《国家税务总局关于贯彻落实企业所得税法若干税收问题的通知》（国税函〔2010〕79号）规定：对从事股权投资业务的企业（包括集团公司总部、创业投资企业等），其从被投资企业所分配的股息、红利以及股权转让收入，可以按规定的比例计算业务招待费扣除限额。这里要思考几个问题：

一是，企业类型是否有限制，仅限于集团公司总部、创业投资企业？从理解看，这也是所得税的收入，应适用于所有的主体，但是仍有税务机关未予以认可，小编倾向于认为是收入，为何不能确认呢？

二是，股权转让收入，不是股权转让所得，这是两个概念，所以纳税人的基数又放大了一部分。

三是，计算业务招待费的基数，能否作为广告费和业务宣传费的

基数，税法未明确，保守起见，我们也可以不建议认可，不过一般企业 15%的限额是够用的，所以多数企业也未就此进行探究。

1.4.6 资本公积转增资本对投资成本的影响

当下企业所得税明确的政策——《国家税务总局关于贯彻落实企业所得税法若干税收问题的通知》（国税函〔2010〕79 号）规定：被投资企业将股权（票）溢价所形成的资本公积转为股本的，不作为投资方企业的股息、红利收入，投资方企业也不得增加该项长期投资的计税基础。

此处的理解，是认为本来就是股东的投资成本，只是因为放在资本公积下，所以再转增资本，不算投资方企业的所得，自然也不用增加长期投资的成本，但有时却并非如此简单。

［案例］ 企业 A 与企业 B 共同投资设立企业甲，各出资 50 万元，后企业 C 加入，出资 200 万元，占注册资本的 50%，即 100 万元计入注册资本，100 万元计为被投资企业资本公积。如图 1-1（单位：万元）：

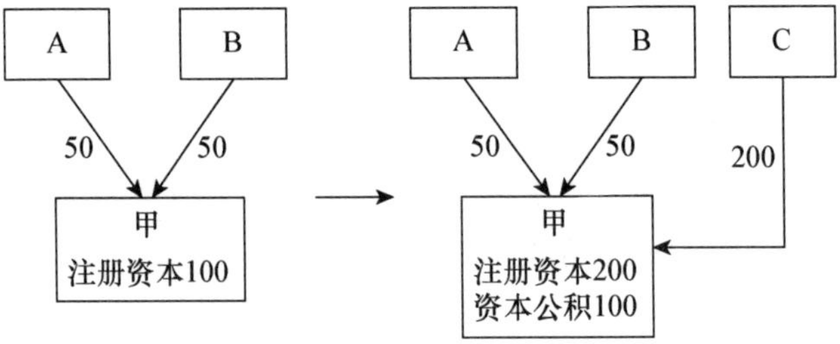

图 1-1

在经历如上的变化之后，如果此时甲公司做出决议，资本公积 100 万元中以 90 万元进行增资，A、B、C 各增加 30 万元，此时我们来分析涉税的处理问题：

问题1：A、B原来各占50%的股份，后来变成各25%，C变成50%，则A、B有无向C转让股份的问题？

问题2：转增资本中，资本公积100万元中的30万元转C的资本，明显是属于资本投入的性质，但是A、B各得到30万元，如何来确认其所得税呢？因为这30万元不是他们投资时真正花钱的部分，我们如何来理解呢？

第1个问题，投资成本没有改变，投资收益也没有体现，只是股权份额减少了，是C的加入造成A、B股份被动地减少了。但是偏有人认为这种情形是转让，特别是个人的股权转让，因为他们认为有理论上利益的让渡，相当于在公司中得到了人家的溢价等利益的潜在利得。其实税法真要像科学家一样，那就不是统治阶段的意志来制订了，而且征税也是有社会成本的。由于理论上的过分追求，而出现所谓的“转让”，那上市公司不是经常因为增发有溢价等股票交易得有转让行为发生？因为股票量是一定的，但是总数量变多了，比例自然缩减了。显然不是这样，没有人去挑战这个。

第2个问题，对于C本身溢价的增资，不属于所得，那对于A、B呢？难道认为是属于他们的免税股息红利？这个可是没有纳过税的，即使认定了也不能享受免税待遇。所以当下，在企业所得税层面，基本上依据国税函〔2010〕79号文件先不算所得，同样未来转让、收回等，其投资成本也是不能加上的，因为注册的成本并不是真实的出资部分。

不过在转增资本的情形下，个税方面似乎有些人的理解、形式上的文字规定是趋于应税所得的取得思考，其实企业所得税、个人所得税都是一样的性质，为何偏盯着个人所得呢，而且好像普遍倾向于此观点，这也是没有统筹进行安排的缘故。

1.4.7 留存收益转增资本对投资成本的影响

与上面的情形类似，如果是用留存收益转增资本，如发放股票股利的情形，在税法上相当于“先分配、后投资”的情形，但是会计上并不一定如此，没有强制性的规定。

［案例］ A公司投资甲公司，800万元投资占80%股权，当年决定以未分配利润转增资本1 000万元，按股权比例，A公司分配得到800万元。

依据转增决议，A公司在转增当年汇算清缴时，需要填写附表《免税、减计收入及加计扣除优惠明细表》（A107010），并进行申报。A公司在会计上对股票股利不进行账务处理，则必须先做纳税调增800万元，再做免税优惠800万元，不然将多调减，但是未来一定记得投资成本增加了800万元，如果还是按原始出资额800万元确定，相当于是吃亏的。

1.4.8 代持股份的投资收益

代持股份的转让或股息红利等收益，到底是算谁的，在法律上基本上是保护真正投资人的利益的，但是税法上却并未给“绿灯”，因为一旦放开，法人凭据的验证只能依赖纳税人的举证，显然征管方面将难以完善实施。

1. 法规规定

《国家税务总局关于企业转让上市公司限售股有关所得税问题的公

告》(国家税务总局公告2011年第39号，以下简称“39号公告”)

根据《企业所得税法》(以下简称企业所得税法)及其实施条例的有关规定，现就企业转让上市公司限售股(以下简称限售股)有关所得税问题，公告如下：

一、纳税义务人的范围界定问题

根据企业所得税法第一条及其实施条例第三条的规定，转让限售股取得收入的企业(包括事业单位、社会团体、民办非企业单位等)，为企业所得税的纳税义务人。

二、企业转让代个人持有的限售股征税问题

因股权分置改革造成原由个人出资而由企业代持有的限售股，企业在转让时按以下规定处理：

(一)企业转让上述限售股取得的收入，应作为企业应税收入计算纳税。

上述限售股转让收入扣除限售股原值和合理税费后的余额为该限售股转让所得。企业未能提供完整、真实的限售股原值凭证，不能准确计算该限售股原值的，主管税务机关一律按该限售股转让收入的15%，核定为该限售股原值和合理税费。

依照本条规定完成纳税义务后的限售股转让收入余额转付给实际所有人时不再纳税。

（二）依法院判决、裁定等原因，通过证券登记结算公司，企业将其代持的个人限售股直接变更到实际所有人名下的，不视同转让限售股。

三、企业在限售股解禁前转让限售股征税问题

企业在限售股解禁前将其持有的限售股转让给其他企业或个人（以下简称受让方），其企业所得税问题按以下规定处理：

（一）企业应按减持在证券登记结算机构登记的限售股取得的全部收入，计入企业当年度应税收入计算纳税。

（二）企业持有的限售股在解禁前已签订协议转让给受让方，但未变更股权登记、仍由企业持有的，企业实际减持该限售股取得的收入，依照本条第一项规定纳税后，其余额转付给受让方的，受让方不再纳税。

四、本公告自2011年7月1日起执行。本公告生效后尚未处理的纳税事项，按照本公告规定处理；已经处理的纳税事项，不再调整。

39号公告显然是坚持了法律形式，但并没有要求双层纳税，这只是放开了股权分置改革的情形，现实当中大量争议情形仍存在。对于法律形式持有者，往往将所得变现时记为其他应付款，直接进行转移冲账，但是税务机关发现后，却认为属于持有者企业的所得，要求作为所得处理，由此引起征纳双方的争议。所以遇到这类情形时，如何把握，税务机关与纳税人极可能产生争议，如何解决呢？武汉国税之前有一个案例，是参照39号公告进行处理的，这也是地方税务机关处

理的一种口径，可以参照。

2. 案例介绍

以下为2013年4月10日《中国税务报》登载文章《武汉单笔最大代持股股权转让所得税入库》（记者：朱彦；通讯员：方波、叶翩）。

媒体

武汉单笔最大代持股股权转让所得税入库

近日，湖北省武汉市单笔最大代持股股权转让所得税顺利入库。在这起案例中，武汉市一家酒店有限公司代持股转让所得1.4亿元，共缴纳企业所得税3 473万元。

2012年10月，一则媒体公告引起武汉市国税局的关注。公告显示，这家酒店有限公司通过二级市场转让股票1 631.81万股，获得净收入1.6亿元。该酒店有限公司当年前3个季度申报累计亏损400余万元，没有申报该项股权转让所得。

武汉市国税局迅速开展调查，发现该酒店有限公司持有一家证券有限公司1.63%的股权共计1 305.436万股，这笔股权早已转让给北京市一家投资公司，转让价款2 700万元。当时，这家证券有限公司正向中国证监会递交上市申请，重大股权变动会影响上市进程。为不影响上市，北京市的投资公司要求该股票仍由这家酒店有限公司代持有，暂不作股权变更登记。2011年6月，证券有限公司成功上市。1年禁售期后，2012年9月该酒店有限公司在二级市场分批售出代持股票，扣除交易税费后取得净收入1.6亿元，扣除历史成本后转让所得为1.4亿元。

该酒店有限公司持有的证券有限公司股权历经偿债转入、股权转让、代持协议、出售和余额支付等过程，涉及多个企业法人，加之该股权权属登记主体与会计核算主体不一致，所得税业务处理复杂。武汉市国税局经过多方查证，按照相关政策最终确定纳税主体仍为该酒店有限公司，应按减持在证券登记结算机构登记的限售股取得的全部收入计入企业当年度应税收入纳税，其余额转付给受让方的，受让方不再缴税。

武汉市国税局与该酒店有限公司沟通，耐心做好政策宣传解释工作，最终得到企业的理解和配合，企业补缴了企业所得税3 473万元。

《中国税务报》的文章说明此案例当时的意见是"受让方不再缴税"，此举能否得到受让方主管税务机关的认可还是个问题，但是这项业务中，难受的是代持方。我们可以考虑，当下信托公司、证券公司进行的客户理财业务，实务操作中登记方是自己，利益分配给投资主体，这是税务机关习惯性视纳税主体进行的判断，一般企业却难有这样的待遇，所以有时我们不得不思考税法本身未明确给纳税人、税务机关带来的纳税、征管纠结。

1.4.9 合作投资的项目处理

如某公司与一油气公司合作勘探开发，合同约定有所得时，油气公司将扣缴企业所得税后再分配，此时该公司取得的所得，要不要再缴纳企业所得税呢？再缴纳必然存在重复纳税，如何处理？

如果从产品分成的角度，似乎我们可以认为是双方分配的产品，但销售的主体应是各自公司才对，此时想必是油气公司一并开具发票进行销售了，所以要强势一些，也怕将来有责任就先将税款扣下了。如果这家公司在异地省份，当地税务机关难以认定为该所得已缴税，故容易造成重复纳税，或不能享受所得是税后分配的免税待遇，因为该公司本来就不是这家公司的股东，无法举证所得是股息红利性质。

再比如，当下有一些医疗企业与医院合作进行科室运营分配所得，一般医院可能也没有纳税，直接就分配了，此时当然是无法享受股息红利的免税待遇的，虽是投资收益，但是分配回来就需要确认应税所得。

1.4.10 股权转让后约定未分配利润归属于转让方的行为如何界定所得性质

某公司于2015年8月31日将A公司股权变更给受让方，但是约定A公司2014年度的未分配利润留给转让方，A公司2015年10月进行了决议，分配2014年度的未分配利润，可是，此年度由于该公司已不是A公司的股东，上述分红能否享受免税待遇呢？

我们来看“上海自贸区税务局2014年度汇算清缴问答”中的一个奇怪问答：

问：企业在签订股权转让协议时，除标明股权转让价格外，还约定被投资企业从转让协议签订日至工商股权变更登记日期间产生的税后利润，归老股东所有。在工商股权变更登记以后，被投资企业董事会做出了股息、红利分配决议，将被投资企业从股权转让协议签订日至工商股权变更登记日期间产生的税后利润分配给了老股东。老股东取得的这部分收益是否可以作为符合条件的股息、红利收入，享受企业所得税免税优惠政策？

答：企业签订附条件的股权转让协议，约定被投资企业从转让协议签订日至工商股权变更登记日期间产生的税后利润，归老股东所有，以后被投资企业的董事会做出分配决议，将这部分税后利润分配给老股东。对于上述情况，由于老股东在办理股权登记后已经不再拥有所转让的股权，其从被投资企业取得的这部分收益，应作为老股东股权转让收入额，确认应纳税所得额，计算缴纳企业所得税。

不是很赞同这样的意见，本身股权转让与分红就是错位的，比如年度中间转让，到底这一年的收益是属于转让前或后，无法分清，只有到年度终了才能作为一个区间进行计算分配，所以根本无从分清。还有同志认为后面的股东只能享受投资后产生的未分配利润，这更奇怪，反正如何得便宜就如何想。这不是税法的本意，税法的本意是以“税不重征”为核心原则的。

由此对于投资、购买股票也是一样，难道我们今天买的股票，一定要在分红时分清哪几分钱是在购买之前产生的、哪几分钱是在购买之后产生的吗？无论投资之前或之后，并没有人因此白占了国家税收利益，谁占这个坑了，谁就分这个利益，谁就享受这个税收优惠，因此是完全符合税法规定的原则与具体条款的。或许产生这样想法的同志，更多是借鉴了企业会计制度下的核算，比如投资 1 000 万元，正好第二天分上一年的红 10 万元，此时算经济账时认为，这是原来成本中包括的一部分，所以冲减 1 000 万元投资成本，投资成本在会计上成了 990 万元。但是现在企业会计准则也放弃了这样的处理，其实就是自己的心理感觉，只要是分回来的，都作为投资收益处理，不算计那点“心理安慰”了，税法上也没有必要再借鉴与坚持，不然还要追着上一家去享受减免税优惠吗？这里，分红决议分明写着不是给上一家的。

1.4.11　股息、红利所分配的是应纳税所得额还是未分配利润

这个问题有点多余，但是在实操过程中，争议还是有可能存在的。比如，有位同志去税务机关开具向境外分红的纳税证明，税务的同志一看写的分配额跟应纳税所得额扣除所得税后差异很大，颇为不解，认为分的金额不对。

其实我们知道，股息、红利分配的来源是企业实现的未分配利润，未分配利润是利润总额形成之后，扣除依据企业会计准则确认的所得税费用，再扣除提取的盈余公积，余下的才是未分配利润。所以，应纳税所得额只是一个算税的基数，不是真实的金额，不真实还分个啥呢，所以真真正正的存在是未分配利润，与应纳税所得额没有半点绑定关系。

1.5　按权益法核算长期股权投资对初始投资成本调整确认收益

按权益法核算长期股权投资对初始投资成本调整确认收益是纳税调整项目明细表中的一项，其实这是企业会计准则带来的一个基于会

计核算影响的调整事项。长期股权投资的初始投资成本大于投资时应享有被投资单位可辨认净资产公允价值份额的，不调整已确认的初始投资成本。长期股权投资的初始投资成本小于投资时应享有被投资单位可辨认净资产公允价值份额的，应按其差额，借记“长期股权投资”科目，贷记“营业外收入”科目。很明显，其不满足税法上收入的确认条件，会计上确认为收入，在此应进行纳税调减处理，税收上作为完整的投资成本管理。

但是未来处置时可别忘了纳税调增，因为投资成本的金额有虚增的部分，只要掌握住投资成本的扣除必须是实际形成的（包括划拨之类、非货币性资产或现金出资之类）金额就可以了。

1.6 交易性金融资产初始投资调整

这种情形恐怕不仅仅是交易性金融资产所独有，比如会计上对于投资成本的处理，有的认为金额较小时费用化，金额大时就需要资本化，申报上将此项单列了出来，但是申报表仅仅要求对此项进行调增，目的是要增加在投资成本之内，未来转让时再做纳税调减处理。不过，这个调整的管理成本可能比较高，特别是对于频繁买卖的公司，如证券公司、银行，调整是很难的。所以有的公司可能采取一种简易调整的方式进行处理，即不准确的调整。

必须指出的是，这一条显然还不够，涉及较多金融工具的购置，多涉及此类事项，并非交易性金融资产所独有，但那些就不调整了吗？其实，这个调整，就一点儿利益，即使按会计处理做，也没有差多少，如果一定要从税的角度上看，这就是投资，流出去的每一分钱都是投资，这就有点儿理想化追求了。为何？有多少事能说得清楚呢，小编认为税法的作用包括：一是国家财政的收入保障，二是纳税成本不能太高。它本身就是国家意志力的一个强制性体现，还要谈许多公允，从数学及物理等角度理解，显然也是浪费时间更多。当然我们追求国家税法实施层面的公平、公正、激励作用，这些是经济的“润滑油”，所以税务工作者不单是收税、算税这么简单，还要从经济战略所服务的层次考虑才好。

在这儿，我们可以进一步聊一下，如果甲公司要对外投资，前前后后考察、立项、跑注册、跑关系等，花了不少钱，这些费用要不要资本化？当然有的同志可能说，这些跟无形资产费用化一样，没有明确的价值形成时直接费用化，那要是成了呢，要不要资本化？但是现在我们往往只关注最后一个投资行为产生的投资成本，而不去管这个费用的资本化。所以什么是“购买价”，有时这本身就是一个框架式的说法，而我们的申报表非要将这个事项单独列出来，一是价值没有那么大，二是也不会很全面，所以这个事项的调整，或许我们还是可以考虑一下再进行。

1.7　公允价值变动净损益

一般我们认为，公允价值变动净损益是利润表中的数据，直接做相反的纳税调整，即是正数时，纳税调减；是负数时，纳税调增。但是必须要关注，如有的金融机构，涉及资产负债表的公允价值变动损益期末与期初的差异，与利润表上数据的比较，利润表的数据有可能不完整，如外汇汇率的差异影响等。

交易性金融资产，主要是指企业为了近期内出售而持有的金融资产。比如，企业以赚取差价为目的从二级市场购入的股票、债券、基金等。

资产负债表日，企业应按交易性金融资产的公允价值高于其账面余额的差额，借记“交易性金融资产——公允价值变动”科目，贷记“公允价值变动损益[1]”科目；公允价值低于其账面余额的差额做相反的会计分录。

出售交易性金融资产时，应按实际收到的金额，借记“银行存款”、“存放中央银行款项”等科目，按该金融资产的账面余额，贷记“交易性金融资产”科目，按其差额，借记或贷记“投资收益”科目。同时，将原计入该金融资产的公允价值变动转出，借记或贷记“公允价值变动损益”，贷记或借记“投资收益”科目。

[案例] 某企业 2013 年购入股票一支，价格 1 000 万元（不含交易费用）。到了 2013 年 12 月 31 日，公允价值是 1 500 万元。2014 年 8 月，企业将其转让，转让价格是 1 800 万元。

会计处理如下（单位：万元）：

借：交易性金融资产——成本　　1 000
　贷：银行存款　　1 000

借：交易性金融资产——公允价值变动　　500
　贷：公允价值变动损益　　500

借：银行存款　　1 800

[1] 公允价值变动损益，不属于持有收益，不在《投资收益纳税调整明细表》（A105030）中调整，而是在《纳税调整项目明细表》（A105000）中单独列示调整。

贷：交易性金融资产——成本 1 000

交易性金融资产——公允价值变动 500

投资收益 300

借：公允价值变动损益 500

贷：投资收益 500

这个处理要说明的是，公允价值变动损益的科目数一定要转到投资收益，2013年利润表都入了500万元，但今年硬是给做了负500万元冲回来，再转投资收益500万元，两年共计入投资收益800万元。

所以今年的公允价值变动损益的负500万元要做纳税调增处理，我们继续进行投资收益的调整填写，如表1-6所示。

表1-6

行次	项目	处置收益								
		账载金额	税收金额	会计确认的处置收入	税收计算的处置收入	处置投资的账面价值	处置投资的计税基础	会计确认的处置所得或损失	税收计算的处置所得	纳税调整金融
		1	2	4	5	6	7	8(4－6)	9(5－7)	10(9－8)
1	一、交易性金融资产			1 800.00	1 800.00	1 000.00	1 000.00	800.00	800.00	

其实，表1-6中有一点小的问题，即“处置投资的账面价值”，理论上含公允价值变动部分是1 500万元，此时如果填1 500万元，处置收益将形成纳税调整金额500万元，由于公允价值变动损益已经调增了500万元，合计起来调增1 000万元，加上投资收益中的300万元，共1 300

万元，比正常的800万元多了500万元，重复调整了500万元。

这是由什么问题引起的呢？只能说是会计处理帮助税法进行了纳税调整处理，因为第二年的“公允价值变动净损益”500万元是人为转出原来发生的公允价值变动的金额，这样会计上投资收益在处置年度就完整了，调整公允价值变动损益的500万元就完结了。

不过有人认为，我们就不按会计准则的要求转出“公允价值变动净损益”，会计上处置收益填写300就对了，这样就是整体纳税调增500万元，公允价值变动也没有发生额调整。由于不涉及调整，有的同志建议是不做数据填写，这从结果导向看，也行得通，只是就怕我们有这个项目，有的同志就要填写，故此易产生这样的重复结果。

1.8 不征税收入

不征税收入的界定、使用、期限、时间性的管理是这个涉税事项的几个关键点。当下，不征税收入并不需要任何的税务管理程序，如备案、审批之类，完全是纳税人自己管理，如果有税务检查，则自己举证是否属于不征税收入。

1.8.1 不征税收入的法规规定

《财政部 国家税务总局关于专项用途财政性资金企业所得税处理问题的通知》(财税〔2011〕70号)

一、企业从县级以上各级人民政府财政部门及其他部门取得的应计入收入总额的财政性资金，凡同时符合以下条件的，可以作为不征税收入，在计算应纳税所得额时从收入总额中减除：

（一）企业能够提供规定资金专项用途的资金拨付文件；

（二）财政部门或其他拨付资金的政府部门对该资金有专门的资金管理办法或具体管理要求；

（三）企业对该资金以及以该资金发生的支出单独进行核算。

二、根据实施条例第二十八条的规定，上述不征税收入用于支出所形成的费用，不得在计算应纳税所得额时扣除；用于支出所形成的资产，其计算的折旧、摊销不得在计算应纳税所得额时扣除。

三、企业将符合本通知第一条规定条件的财政性资金作不征税收入处理后，在5年（60个月）内未发生支出且未缴回财政部门或其他拨付资金的政府部门的部分，应计入取得该资金第六年的应税收入总额；计入应税收入总额的财政性资金发生的支出，允许在计算应纳税所得额时扣除。

1.8.2 软件企业的特别规定

对于软件企业来说，存在税法直接明确的属于不征税收入的条款，即《财政部 国家税务总局关于进一步鼓励软件产业和集成电路产业发展企业所得税政策的通知》（财税〔2012〕27号）规定：

符合条件的软件企业按照《财政部 国家税务总局关于软件产品增值税政策的通知》（财税〔2011〕100号）规定取得的即征即退增值税款，由企业专项用于软件产品研发和扩大再生产并单独进行核算，可以作为不征税收入，在计算应纳税所得额时从收入总额中减除。

当然，上述不征税收入是没有政府划拨文件或资金使用办法的，唯一的要求是企业要独立核算，同时也要遵照60个月的期限进行使用。

1.8.3 证券投资基金的分红并非不征税收入

《财政部 国家税务总局关于企业所得税若干优惠政策的通知》（财税〔2008〕1号）规定：对投资者从证券投资基金分配中取得的收入，暂不征收企业所得税。这一收入并没有被认定为属于不征税收入，而是作为免税收入在申报表中进行处理。所以，有时我们会从网络上看到，有的税务同志提出“暂不征收企业所得税”即为“不征税收入”，其实这是个人的一种误解，不能简单站在于纳税人不利的角度思考税务合规的问题。

1.8.4 期后取得不征税收入的情形

由于当前的财政补贴，往往还要求企业“自筹”资金投入做配套，这种情形下，拨款部门常常要求企业先投入再补贴，而补贴收入在所得税上是按实际收到确认所得的，所以在之前投资支出时，就在税前得到扣除了。那么我们该如何处理此类情形呢？

如某国家重点科研企业，2013年及2014年花了5 000万元购买设备，2015年政府补贴3 000万元，并且有相应的资金使用办法，要求企业独立核算。可是我们来看，人家都花完了，还要提供什么专门用途，直接就形成补贴结果了。

对3 000万元的资产，企业已经进行了计提折旧的处理，且2013年度、2014年度已进行了税前扣除，现在如何处理？如果企业愿意将3 000万元作为不征税收入，难道还要说企业之前年度少计应税所得了吗？

小编不是很赞同这样的处理，因为财政补贴是按实际收到的标准来的，不是按照应收来的，在没有实际收到之前，这是没谱的事，所以不应认为形成应收债权的性质，小编认为没有所谓的“少交税”一说。

现在还是要进行处理，如何处理呢？首先，之前支出已经税前扣除，现在给补贴，实现的收入也是现在实现的。假设 3 000 万元支出对应 2013 年度、2014 年度的税前扣除折旧是 500 万元，则当期 3 000 万元中的 500 万元作应税收入，算是找齐了旧账。

而余下的 2 500 万元，则再看在余下的 60 个月的时间，是不是能够花完，当然花的部分的支出是不能税前扣除的，对于费用化的部分直接不认可当期扣除，资产化的折旧或摊销依其年限进行纳税调增处理。这里的时间，不宜从 2013 年开始，而是从 2015 年收到补贴的时间所属月确认 60 个月的起始。

1.8.5　如何监管放弃不征税收入得到研发费加计扣除的利益

如软件企业得到的增值税即征即退税款，专项用于软件产品研发和扩大再生产，当年取得了 1 000 万元的退税款，企业主动放弃不征税收入的确认，当年 1 000 万元用于研究开发费用，再加计 500 万元，则收入为：1 000－1 000－500＝－500（万元），相当于没有花 500 万元却得到 500 万元抵减的利益。

可能有人会认为企业用自己的钱来投入，不是同样得到这样的效果吗？1 000 万元仍作为不征税收入处理，得到现金的价值，不是更好吗？这主要是因为有的税务机关对于软件企业的研究开发费用的支出，提出了要求，即必须先用即征即退的税款，不得滞后支付，即当年

1 000 万元支出，认为是用不征税收入来源支付的，所以 1 000 万元没有得到多扣除的利益。

在加计扣除的申报表填写说明中，研究开发费用扣减的项目是这样表述的："减：作为不征税收入处理的财政性资金用于研发的部分"。对这个不征税收入的认定，是不是就是由企业来决定的呢？纳税人是不是非要享受这个不征税收入的"优惠"呢？在相应的文件中是这样规定的：

《国家税务总局关于企业所得税应纳税所得额若干税务处理问题的公告》（国家税务总局公告 2012 年第 15 号）

企业取得的不征税收入，应按照《财政部 国家税务总局关于专项用途财政性资金企业所得税处理问题的通知》（财税〔2011〕70 号，以下简称《通知》）的规定进行处理。凡未按照《通知》规定进行管理的，应作为企业应税收入计入应纳税所得额，依法缴纳企业所得税。

这个文件，是从收入的角度来写的，但是却没有考虑到纳税人在加计扣除方面的利益算盘。

1.8.6 不征税收入体现为非现金资产的情形下，如何理解支出的 60 个月时限

这事还要看是从哪里来的，小编之前看到有人探讨，索性提出来请各位同仁关注一下。《国家税务总局关于企业所得税应纳税所得额若干问题的公告》（国家税务总局公告 2014 年第 29 号，以下简称 29 号公告）规定：县级以上人民政府将国有资产无偿划入企业，凡指定专

门用途并按《财政部 国家税务总局关于专项用途财政性资金企业所得税处理问题的通知》（财税〔2011〕70号）规定进行管理的，企业可作为不征税收入进行企业所得税处理。其中，该项资产属于非货币性资产的，应按政府确定的接收价值计算不征税收入。

原来是规定给钱的情形，给你钱做什么？花啊，肯定不是让存在银行生息或者买点金融产品什么的，但不可能拿到钱就花，项目还没有立项，预算还没有编制完，总得给企业点时间考虑买什么为好，用在刀刃上才是。

但是如果政府部门给的是非货币性资产呢？例如给你一辆电动车，让你去研究运输工具，看能不能制造一台特斯拉，企业研究了5年也没有研究出来。结果税务机关来了，要求缴税！

但大家想一想，国家给你钱做什么？不就是让你买资产、花费用吗。买了资产做什么，使用。如果买的是生产线，能用10年，用到第5年时要不要缴税？此时有人疾呼，不对啊，我的钱都花了，为何让我缴税？好吧，现在给你一台电动车，本身就是资产了，这时非要将电动车变卖了，再去买一台山地自行车，才算使用？故此小编粗浅地认为，给你的资产，就没有60个月限制之说，不需要转换概念来理解。这个设备用1年也好，用10年也好，它已经在使用，且不是以折旧的形式在使用（用钱买设备之时也不是考虑折旧形式作为支出的，而是收付实现制的支出），因此财税〔2011〕70号文件中的支出，仍应限制于货币资金的形式。

如果企业仍作为固定资产核算，不管折旧年限几年，都是不让税前扣除的，5年只是让你花完钱而已。

所以，29 号公告规定，县级以上人民政府将国有资产无偿划入企业，凡指定专门用途并按《财政部 国家税务总局关于专项用途财政性资金企业所得税处理问题的通知》（财税〔2011〕70 号）规定进行管理的，企业可作为不征税收入进行企业所得税处理。这里重点强调的是管理，不是支出扣除的新规则。

1.8.7 能否以“支出不合理”否定不征税收入的认定

有时我们发现企业取得不征税收入之后，本来计划是研发机器人，结果用去买股票了。这不对啊，不符合企业提供的资金管理办法啊，要查查法规，看看能否否定其不征税收入的条件，追溯一下调整是否可行。

这个还真有点儿难度，为何呢？税收的法规中没有提到这样的否定手段啊，再说企业不符合管理办法的规定使用，有相应的划款部门进行监管及后续审计，跟我们的税务有何关系呢？因此少缴税了吗？

小编的理解是这样的：第一，是否符合不征税收入的前提是有规定或约定的三个条件；第二，支出在税前没有扣除，就是说支出不符合规定，但是只要没有在税前扣除，就不违背税法处理规则，自有相应的处置规范，但那是别的部门的事了。所以理解上不宜出现用上面的结果倒推其不征税收入转换为征税收入，甚至还要求其进行补缴税款的情形。

1.8.8 营改增扶持资金能否作为不征税收入

首先我们来看，在“营改增”新老税制转换中，企业取得的政府扶持资金，虽然不是所有企业都有机会得到的，但如果得到了，该如何进行企业所得税的处理呢？

一个要考虑的因素是，这个扶持资金是否符合不征税收入的确认条件，即规定了具体的使用用途，显然，这个扶持资金是因企业税负增加引起的，那是让其作为税负支出专门使用吗？间接目的是这个，但政府不会再指定这个钱要如何使用，很难适用不征税收入的确认条件。

根据《营业税改征增值税试点有关企业会计处理规定》（财会〔2012〕13 号）的规定，试点纳税人在新老税制转换期间因实际税负增加而向财税部门申请取得财政扶持资金的，期末有确凿证据表明企业能够符合财政扶持政策规定的相关条件且预计能够收到财政扶持资金时，按应收的金额，借记“其他应收款”等科目，贷记“营业外收入”科目。待实际收到财政扶持资金时，按实际收到的金额，借记“银行存款”等科目，贷记“其他应收款”等科目。

从我们的理解看，这个也是不大可能认可作为不征税收入处理的。但是我们可能会被宁波地税的一个网上答疑所迷惑，且需谨慎处理。

宁波市地方税务局企业所得税热点政策问答（2014 年第一期）：

问：营改增后，纳税人取得按照甬财政预〔2012〕1488 号文件所规定的对营改增纳税人的财政扶持资金，是否缴纳企业所得税？

答：可暂按不征税收入处理。纳税人选择按不征税收入的，应按不征税收入的相关规定报送备案资料。

这个回复没有明确有哪些资料需要报送，还要备案，有点含糊其辞。我们当地的企业办税人员倒是可以尝试推进一下。但是如果分公司在宁波这儿，总机构在别处（跨地区），作为不征税收入的处理就可能被否定。

1.8.9 不征税收入处理中的60个月与5年时限之别

这个问题源自财税〔2011〕70号文件的表述：企业将符合本通知第一条规定条件（三项条件）的财政性资金作不征税收入处理后，在5年（60个月）内未发生支出且未缴回财政部门或其他拨付资金的政府部门的部分，应计入取得该资金第六年的应税收入总额；计入应税收入总额的财政性资金发生的支出，允许在计算应纳税所得额时扣除。

但是在申报表中写的可是5年的列次，如果真要说起这个事来，与60个月真的是有差异的，为何？且看小编的理解：

2014年版本的申报表将不征税收入作为独立报表进行填写，用的是5年的框架性设计方式，但这样会不会引起误解呢？

这样一来，不征税收入的资金是必须要在60个月内花完的，不然如果不归还政府部门就并到应税收入中算税，此时同时支出也可以未来扣除，不需要什么匹配之类，只需要按税法规定的扣除原则处理。

我们来看一个案例：

［案例］ 某企业2009年12月1日取得不征税收入1 000万元，假设从当年开始每年的12月支出150万元，按60个月算，2009年12

月1日—2014年11月30日，共支出5×150=750（万元），这笔不征税收入2014年12月支出是150万元，超过60个月，就是虽然发生了支出，但仍应作为应税收入处理，即150+“余下未支付出去的且不需要上缴财政的100”=250（万元），需要作为应税收入填写。当然对应的此部分支出，也允许在税前扣除，这也是这个表在设计中考虑了“年”而未考虑“月”的情形的一个可以探讨的地方。仔细看看填表说明，也能发现这个理。

看来“年”的规定还真不如“月”的规定来得靠谱。这也需要对于财税〔2011〕70号文件中规定的“第六年”有一个量化的概念理解，不是公历的年，报表当中也应是一样的，是12个月的意思才对，其实也是“第六年”是超过60个月时的归属年度的意思。如上是指开始年度为2009年，经历2010年、2011年、2012年、2013年四年后，2014年作为“第六年”，“第六年”具体到某月才是，而不是2014年初始就开始了，所以还是要考虑60个月的明确理解。

1.9 销售折扣、折让和退回

依照《国家税务总局关于确认企业所得税收入若干问题的通知》（国税函〔2008〕875号）的规定：

企业为促进商品销售而在商品价格上给予的价格扣除属于商业折扣，商品销售涉及商业折扣的，应当按照扣除商业折扣后的金额确定销售商品收入金额。

债权人为鼓励债务人在规定的期限内付款而向债务人提供的债务扣除属于现金折扣，销售商品涉及现金折扣的，应当按扣除现金折扣前的金额确定销售商品收入金额，现金折扣在实际发生时作为财务费用扣除。

企业因售出商品的质量不合格等原因而在售价上给的减让属于销售折让；企业因售出商品质量、品种不符合要求等原因而发生的退货属于销售退回。企业已经确认销售收入的售出商品发生销售折让和销售退回，应当在发生当期冲减当期销售商品收入。

在上面的规定当中，我们要关注到，折让或退回，不需要追溯之前年度，只要在发生年度扣除就可以了。对于会计上属于资产负债表日后期间发生的销售折让或退回，涉及跨年度调整，而企业又是以未调整的利润表为基础处理的，就产生税会差异，需要通过表 A105000 的第 10 行“（八）销售折扣、折让和退回”进行纳税调整，解决会计上在当年度没有体现的问题。另一个问题是，现金折扣是不是需要发票？注意现金折扣的定义是提前付款得到的利益，反之出售方发生的支出，在财务处理及税务定性上作为“财务费用”，这里并没有发生借款行为再产生利息的有偿使用为前提，所以基本上从各地税局一些回复意见的样本来看，是不需要提供发票的，可以作为税前扣除的事项处理。比如，引用《山东省青岛市国家税务局关于 2010 年度企业所得税汇算清缴若干问题的公告》（山东省青岛市国家税务局公告 2011 年第 1 号）第（十六）项规定：符合国税函〔2008〕875 号文件第一条第（五）款规定的现金折扣，可凭双方盖章确认的有效合同、根据实际情况计算的折扣金额明细、银行付款凭据、收款收据等证明该业务真实发生的合法凭据据实列支。

现实当中还有一种销售的情形，即分期收款约定计收利息的情形。例如：甲公司销售设备给乙公司，双方约定分两年支付款项，但是除第一次付款外，每次付款要按天数计算利息，此时这个利息的性质是什么?

一是在流转税上，这是价外费用的组成部分，所以是按货物的税率计算缴纳增值税，开具与货物相同税率的增值税发票；二是会计处理上，双方作为冲减财务费用或计入财务费用处理，这不是营业税上的借贷形成的真正的利息收支；三是企业所得税方面，费用的扣除或冲减与发票并不对应，如果仅从结果看，可以直接套用会计处理的判断标准，不用再做调整处理，因为折腾的是会计科目重分类，而不是结果。但针对追求完善者，进行调整还是有必要的，因为可能会对收入等某个基数产生影响。

1.10 其他

存在税会差异的其他事项还是比较多的，情形也较复杂，且在这儿列举几项，虽常见，但是可能有不同的发现。

1.10.1 个税手续费返还

恐怕企业所得税上没有什么争议，就是计入所得，奖励员工时再支出，不过有的企业如果放在其他应付款项下，也要注意看年末花完没有。如果有调整，就是时间性差异的管理，但是如果公司规定不能随便花，就只能计入会计的收入了。但是计入哪个科目，有的人可能又纠结了，这个肯定不是经常发生的业务，计入主营业务收入是不恰当的，通常都是大大方方地列在营业外收入中。

不过争议比较大的是个税手续费的营业税问题，目前很多地方都达成了要征的共识。个别税务人士认为，征税的依据是《国家税务总局关于做好中国石油化工集团公司税收风险管理后续工作的通知》（税总发〔2013〕100号），经税务总局各相关司共同研究，根据现行税法，部分税政问题按如下口径统一执行：代收代缴或代扣代缴个人所得税、消费税、预提所得税手续费收入应征收营业税。

但是有的省份税务机关也有依有据地明确了不征。如下信息摘自海南地税2015年1月3日微信平台：

问：单位取得税务机关返还的代扣代缴个人所得税手续费，是否需要缴纳营业税？

答：根据《海南省地方税务局关于海南电网公司收取国家重大水利工程建设基金是否免征地方教育费附加及代扣代缴个人所得税手续费返还纳税问题的复函》（琼地税函〔2013〕200号）第二条规定，单位和个人收到税务机关返还的代扣代缴个人所得税手续费不属于营业税的征税范围，不征收营业税。

因此，单位取得税务机关返还的代扣代缴个人所得税手续费，不征收营业税。

在小编看来，在形势一片看“衰”的情形下，海南地税确有不凡之处，理由可能很多，在此不一一赘述，且看我们如何以更开放的心态来看待这个让纳税人承担法律责任的“手续费”。

1.10.2 有坏账风险未确认收入的情形

这种情形下出现的问题，往往是我们的涉税服务人员和税务机关难以发现的，所以有必要作为一个主要的风险点进行管理，我们的企业管理人员更需要重视。

我们知道，会计上的收入，在判断经济利益不是很可能流入企业时，是不作为收入核算的，但一方未收、另一方未付，这是一种企业的经营风险，不能由国家承担，所以，税收上却不可以不作为收入计算，否则我们资产损失中的应收款项，是不是都可以解放了？实际上这很容易引起国家税款不可控的流失，显然是存在税收管理的风险的。

但是，由于所得税收入是以会计收入为基础延伸出来的，因此会计上没有做收入，但税收上要一一拿出来确认收入缴税，真收不回来时，再通过资产损失处理扣除的方式调整。不过这一过程，显然不像会计师审计一样充满主观的判断，而是每一分钱都要进行确认，包括收入、滞纳金、罚款等应计所得。要是这样，还真得多给会计师付费才能做好服务，现实当中这个充满着变数及不确定性，所以这也是税务机关、服务机构需要进行关注的地方。当下依据《国家税务总局关于金融企业贷款利息收入确认问题的公告》（国家税务总局公告 2010 年第 23 号），有不确认收入的“豁免”情形。

1.10.3 “无法”支付的应付款项

当下，很多人仍在回忆旧时光，即三年以上未支付的款项，有的地方定了个五年，要做应税收入处理，当然人家也给了个“活口”，将来支付了，再允许做纳税调减。

但是这可不能一刀切，按照《企业所得税法实施条例》第二十二条规定，将应付未付款项并入应纳税所得额计缴企业所得税规定的前提是“确实无法偿付”，比如购置了一个大型设备，约定分 5 年付款，如何办？最后 2 年还要先纳税调增，人家明明写的是不断付款的行为，所以简单地套三年是不合适的，只有企业将应付未付款转营业外收入了，才是收入确认的触发点。

看看地方性的规定，比如，《河北省地方税务局关于企业所得税若干业务问题的公告》（河北省地方税务局公告 2014 年第 4 号）明确：企业因债权人原因确实无法支付的应付账款，包括超过三年未支付的应付账款以及清算期间未支付的应付账款，应并入当期应纳税所得额缴纳企业所得税。企业若能够提供确凿证据（指债权人承担法律责任的书面声明或债权人主管税务机关的证明等，能够证明债权人没有按规定确认损失并在税前扣除的有效证据以及法律诉讼文书）证明债权人没有确认损失并在税前扣除的，可以不并入当期应纳税所得额。已并入当期应纳税所得额的应付账款在以后年度支付的，在支付年度允许税前扣除。

ENTERPRISE INCOME TAX

Difficult and Complicated Issues

第2章

扣除类调整项目

扣除类涉及成本、税金及附加、费用、营业外支出、资产减值损失等多个方面，就纳税申报表来讲，其实并不单是利润表中的事，即不仅仅是损益类科目的调整，还夹杂着资产、成本类的调整。所以就有了奇怪的地方：不是说是基于利润总额为基础的调整吗？为何扯到了资产负债表相应事项的调整上去了呢？

无论是企业、服务机构还是税务机关，平时我们关注的更多是费用、营业外支出、资产减值损失等事项，非常敏感；对于成本，如果没有长时间的跟进确定，有时还真不一定理得清楚，比如制造费用分摊得对不对、成本费用结转得对不对，有时税务机关的同志更多是从指标方面进行一些初步的测试，看看连续变化的异常等因素处理。比如发生的存货损失，企业就说放进成本中消耗掉了，这谁说得清楚？特别是电子类的设备，所以这时就取个大项先来分析分析吧（见表 2-1、表 2-2）。

表 2-1

关于成本费用的扣除规定

权责发生制			据实列支加计扣除	禁止扣除	准备金
据实扣除	限额据实扣除	扣除			
工资薪金	公益性捐赠支出	汇兑损失	研究开发费用加计扣除	支付的股息、红利	特定行业与特定条件下确认的准备支出允许虚列限标准扣除
财产保险费	职工福利费	*	残疾职工工资加计扣除	企业所得税税款	*
租赁费	职工教育经费	*	*	税收滞纳金	*
劳动保护支出	工会经费	*	*	罚金、罚款和被没收财产的损失	*
管理性服务费	补充养老保险费	*	*	《企业所得税法》第九条规定之外的捐赠支出	*

续表

权责发生制			据实列支加计扣除	禁止扣除	准备金
据实扣除	限额据实扣除	扣除			
会议费	补充医疗保险费	*	*	赞助支出	*
差旅费	业务招待费	*	*	未经核定的准备金支出	*
*	广告费和业务宣传费	*	*	非特定允许扣除的与人身相关的商业保险费	*
*	利息支出	*	*	不征税收入形成的支出	*
*	手续费及佣金支出	*	*	在管理费列支的承担员工的个人所得税	*
*	基本社会保险费	*	*	*	*
*	住房公积金	*	*	*	*

说明：

(1) 加计扣除本质上属于税收优惠的性质，不属于实际发生的费用。当年度超过标准的部分，可以往之后年度结转计算扣除。

(2) 研发费用加计扣除不在调整表中形成结果，直接通过附表与主表对接数据。

(3) 此处应特指非广告性质的支出，属于广告性质的支出，是可以税前扣除的，这就需要考虑合同的签订内容及一定要体现出来的形式的宣传效能。

(4) 据实扣除，是指据实发生、实际支付，或者据实发生，在次年 5 月 31 日（含）前取得票据的行为。

(5) 权责发生制，是指不强调实际发生，也不强调次年 5 月 31 日（含）前取得票据的行为。

(6) 准备金税前扣除，是针对特定行业的（比如金融企业、保险公司等），在特殊行业准备金中进行调整处理。

表 2-2

关于成本费用扣除结转

事项	当年度扣除条件	是否可以结转之后年度扣除	结转扣除的条件	无法扣除的可能
工资薪金	当年度实际发放的扣除（接受次年 5 月 31 日前发放的认定）	是	之后年度实际发放，不必追溯到费用计提年度调减	一直没有实际发放，待清算时，由于税前没有扣除，也不需作清算所得

续表

事项	当年度扣除条件	是否可以结转之后年度扣除	结转扣除的条件	无法扣除的可能
职工福利费	实际发生在当年度税前扣除工资薪金的14%限额扣除（特定行业除外）	否	无	无
职工教育经费	实际发生在当年度税前扣除工资薪金的2.5%限额扣除	是	扣除条件中超过限额的之后年度在实际发生与其税前扣除工资薪金2.5%的空间内补扣除	限额一直不能产生足够的空间，待清算时，与工资薪金一样原则处理
工会经费	实际支付取得票据在当年度税前扣除的工资薪金的2%限额扣除（特定行业除外）	否	如第二年实际支付上一年度的，与第二年度支付合计未超过工资薪金2%时，可以做纳税调减	参照上述原则
基本社会保险	标准内，如果滚动按月缴纳，不建议按实际支付做调整，权责发生制税前扣除	否	无	无
住房公积金	同基本社会保险	否	无	无
广告与业务宣传费	收入的一定比例之内	是	原则参照职工教育经费	没有基数保障一直无法扣除完毕
补充养老与医疗保险[1]	实际发生在当年度税前扣除工资薪金的5%限额之内实际支付扣除	未确定，通常认为不认可	实际支付时常规是追溯计提年度，但如果当年支付较计提多，且又分别在当年度税前扣除工资薪金5%以内，可以做本年度纳税调减处理	无

[1] 补充养老保险与补充医疗保险，在2014年版本的纳税申报表的填报说明中，已简单明确为当年度税前扣除的工资薪金的5%分别计算确定扣除金额。

下面我们根据纳税调整表的明细进行分类说明：

2.1 职工薪酬

职工薪酬在会计上是《企业会计准则第 9 号——职工薪酬》核算的内容，主要包括工资薪金、职工福利费、职工教育经费、工会经费、社保支出、住房公积金、非货币性福利、辞退福利、股份支付、补充养老与补充医疗保险等。

2.1.1 年度纳税调整的统计口径不明确，如何处理

职工薪酬的“账载金额”与“税收金额”，并不是利润表中的金额，是筹办期之后，只要正常进行所得税汇算清缴，就是无论计入在建工程、存货、固定资产、管理费用等，都作为账载金额统计口径，而不仅仅是利润表中的数据。因为利润表中的数据，只有费用是可以分清的。但是大家可以想一下，成本费用、折旧、摊销中，如何能分得清有多少职工薪酬的组成部分，如此基本上汇算清缴无法操作。所以我们知道，基于利润总额进行的纳税调整，其实是对纳税人不利的一个操作，但确为当前比较现实的一个统计调整口径。

比如我们可以一并分析一下纳税调整口径的相关事项：

基于利润表的纳税调整，却不一定放过资产负债表。我们来梳理一下，看有哪些看似基于利润表，却不易操作的情形（见表 2-3）。

表 2-3

纳税调整口径难点梳理

事项	调整的基本方法	填报说明
工资薪金	这里说的是计入成本费用，即并不是简单地计入利润表中的部分，这更加分不清，因此可能于纳税人有不利的地方，这使利润表税会差异之外多了一块调整的事项	表 A105050 工资薪金支出：第 1 列“账载金额”填报纳税人会计核算计入成本费用的职工工资、奖金、津贴和补贴金额；第 4 列“税收金额”填报按照税法规定允许税前扣除的金额
职工福利费	同上	参照工资薪金
职工教育费	同上（包括计提的部分）	参照工资薪金
工会经费	同上（包括计提的部分）	参照工资薪金
基本社会保障性缴款	同上（基本上不会去强制调整跨时点计提与支付，或先支付后列账的情形）	参照工资薪金
住房公积金	同上（基本上不会去强制调整跨时点计提与支付，或先支付后列账的情形）	参照工资薪金
补充养老保险	同上（现在有补缴的情形，那是不是追以前年度呢？理论上是如此，现实很残酷）	参照工资薪金
补充医疗保险	同上	参照工资薪金

其实如果纳税人分得非常清楚，或者没有在建工程之类的资本化问题，那没有什么问题，就是基于利润表来调整。但是如果不是上述情形，就产生了纳税调整成本与征管的问题，这也是税法纳税调整的无奈之处。

[案例] 某企业 2013 年度无任何收入成本支出，处于生产准备期（非筹办期），若当年发生的工资薪金全部计入在建工程 100 万元（5 年折旧，100/5=20），会计上将按 5 年（与税法最低年限一致）处理，但

当年仅发放 80 万元。第二年全部发放完毕。其间没有其他的影响事项。

表 2-4

项目	2013 年	2014 年	2015 年	2016 年	2017 年	2018 年
利润表	0	−20	−20	−20	−20	−20
纳税调整	20	−20	0	0	0	0

问题：若上述企业 2013 年度的利润总额为 0，在所得税调整时，账载填写 100，税收填写 80，反而纳税调增 20，没有真正的应税收益还要缴税，想来确实不可理解，这也是税法对于工薪类（如福利费、教育费、工会经费、社保类等）纳税调整上采取的脱离利润总额调整的一个现实“手法”。对于滚动的企业可能没有多少影响，因为资本化时往往先纳税调增居多，第一次痛过之后，以后大家也能接受，这里特别是对于开发周期长的房地产企业会有影响。

2.1.2 新税法实施之后过渡时点的纳税人调整的差错

原来计税工资下、工效挂钩超标下留存的工资薪金未发放完的余额，计提的职工福利费余额，计提的职工教育经费的余额（注意这时计提的余额仅指税前得到扣除的计提，并非计提产生纳税调整的部分，相当于税后余额不需要优先使用了），在 2008 年及以后年度，未充分进行调整。比如 2009 年发放了 2007 年的余额，可能在统计实际发放时，算为当期的实际发放金额了，或者没有优先冲减之前年度的余额，出现少计算缴纳税款的情形。

《国家税务总局关于企业所得税若干税务事项衔接问题的通知》（国税函〔2009〕98 号）规定：

四、关于以前年度职工福利费余额的处理

根据《国家税务总局关于做好2007年度企业所得税汇算清缴工作的补充通知》（国税函〔2008〕264号）的规定，企业2008年以前按照规定计提但尚未使用的职工福利费余额，2008年及以后年度发生的职工福利费，应首先冲减上述的职工福利费余额，不足部分按新税法规定扣除；仍有余额的，继续留在以后年度使用。企业2008年以前节余的职工福利费，已在税前扣除，属于职工权益，如果改变用途的，应调整增加企业应纳税所得额。

五、关于以前年度职工教育经费余额的处理

对于在2008年以前已经计提但尚未使用的职工教育经费余额，2008年及以后新发生的职工教育经费应先从余额中冲减。仍有余额的，留在以后年度继续使用。

六、关于工效挂钩企业工资储备基金的处理

原执行工效挂钩办法的企业，在2008年1月1日以前已按规定提取，但因未实际发放而未在税前扣除的工资储备基金余额，2008年及以后年度实际发放时，可在实际发放年度企业所得税前据实扣除。

但是这里比较难说清楚的就是以前年度到底有多少是计提生成的余额，有多少是纳税调增之后形成的余额，所以如果要看之前的账，可以关注一下。

2.1.3 职工薪酬类支出有哪些可以认可到次年5月31日

《国家税务总局关于企业工资薪金和职工福利费等支出税前扣除问

题的公告》（国家税务总局公告 2015 年第 34 号）规定：

企业在年度汇算清缴结束前向员工实际支付的已预提汇缴年度工资薪金，准予在汇缴年度按规定扣除。

这里首先很清楚地明确汇算前支付的工资薪金是可以扣除的，但是工资薪金的这句话易引起误解，如图 2-1 所示：

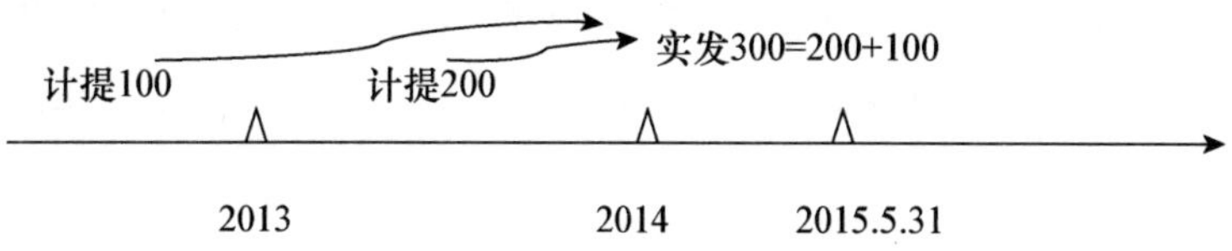

图 2-1 工资薪金的计提发放

2013 年计提 100 的部分，2014 年 5 月 31 日前未发放完毕，做纳税调增处理，直到在 2015 年 5 月 31 日之前发放，难道会因为不是汇缴年度就不认可吗？只认可 2014 年计提的 200？显然不宜这样认定处理，税法只是说明了此类情形，并未限制适用的时间范围，不然 2013 年计提调整的 100 即使发放了，也得不到扣除，所以这个原则行不通。

对于工会经费，如果地税机关托收，一般是次年 1 月收上一年度季度的，难道还不认可当年度扣除的吗？所以对于工会经费，还是赞同可以在 5 月 31 日前支付出去得到认可的，此时提供的票据是次年的日期。

对于职工教育经费、职工福利费，由于其强调是当年度实际发生，因此并没有当年计提次年缴纳的情形，因此对于这两者，基本上是认为，不予以突破在次年“发生”产生的支出扣除，这是职工教育经费与职工福利费的特别之处。

对于基本性质的社会养老保险支出，这跟工会经费一样，也是当年计提次年支付结算，因此在理解税法中规定的“缴纳”时，也至少应认可在次年5月31日之前。

对于补充医疗与补充养老，这两者是企业自己决定投保的，并没有政府强制性的支出条件，因此一般情形下，通常建议不认可到次年5月31日之前为支付截止统计时点，但是如果企业形成了一个支付链，即连续循环性支付出去，如根据保险合同的约定，则此时我们理解也可以适当放宽到次年5月31日的支出认可，即计提是当年度，次年度发生缴纳行为。

2.1.4 工资薪金与职工福利费的划分

之前一直存在争议，但是国家税务总局2015年第34号公告对此做了明确，减少了一些争议。都是企业花的钱，为让员工幸福快乐花的钱，在税上还真纠结呢：

列入企业员工工资薪金制度、固定与工资薪金一起发放的福利性补贴，符合《国家税务总局关于企业工资薪金及职工福利费扣除问题的通知》(国税函〔2009〕3号）第一条规定的，可作为企业发生的工资薪金支出，按规定在税前扣除。

不能同时符合上述条件的福利性补贴，应作为国税函〔2009〕3号文件第三条规定的职工福利费，按规定计算限额税前扣除。

比如有的公司每个月固定发放的通讯补贴、交通补贴，本来是放在福利费中的，但是如果符合34号公告的规定，是可以并为工资薪金的。此时，可能有人问，如果是国企，他们有工资限额，这部分还能并进去吗？小编认为，税法是基于定性及实际发生，企业没有将福利费列为发放额度，但是企业是符合税法规定的性质的，不宜否决企业的工资薪金，难道凭额度还不让企业扣除吗？企业也没有违法发放这项补贴，只是列示的会计科目不同而已。

不过此时我们可以查看其是否全额计算缴纳了个人所得税，因为这是税前扣除的条件。对于福利费，没有说必须要以代扣代缴个人所得税为条件，即可以税前扣除，至于未来地税机关检查个税代扣代缴的情形，再补缴个税或罚款，与企业所得税的税前扣除没有关系。

2.1.5 职工福利费的范围及发票问题

比如有的地方明确职工集体旅游的费用为员工个人承担的费用，不允许列为福利费计算扣除，这明显是存在问题的。集体旅游并不违背八项规定，《国家税务总局关于企业工资薪金及职工福利费扣除问题的通知》（国税函〔2009〕3号）规定的事项，并非就列示了这几项，福利费是由企业决定的事项，故此，就集体旅游还有地方税务机关不同的口径，也属政策本身的一个“奇迹”。

至于发票，要结合不同的情形进行。比如外包的餐厅支出，单位自办的，必须要取得发票，尽管有的地方说集贸市场没有发票，但这不是当下税务机关可以松口的决定，所以现实当中，有的企业从一些超市取得一些发票来代替这些没有发票的支出，是明显的未取得合规发票甚至是虚假行为。

还有一些国企发放的取暖费补贴、物业费补贴等，这种情形下，就算跟个人要发票，也只是个人的发票，只能当作真实性的会计列支的凭据用，与税前扣除的凭据没有关系，此时就算不能取得发票，补贴的性质也是一样的，本身也是发放的性质。不过从当下的口径来看，既然国税函〔2009〕3 号文件规定了取暖费补贴，那就计算扣除吧，而物业费补贴没有，只能不让扣除了，通常直接将物业费支出做纳税调增处理。

2.1.6　食堂房屋的折旧支出算不算福利费归集口径

［案例］　某企业遵照八项规定，不在外面吃饭了，想着使食堂饭食多样化点。但一计算，食堂占的房屋的月折旧为 100 万元，企业计入福利费科目，大厨的工资外带外购的物料等一个月得 50 万元，一共 150 万元，但企业一个月的工资薪金才 500 万元，于是计算职工福利费的扣除额度是 70 万元，150－70＝80（万元），都要做纳税调增，且是永久性的。于是企业就来寻求帮助了！

小编初步思考，这不是跟员工吃饭相关吗？不记福利费记啥？但一深想，感觉有点不大对劲，试考虑，工资薪金是基数，这个基数计算出来的 14%包括什么？还是应以实际发生为合适，即直接支付多是费用化的金额，当然可包括一些直接采购的设备、锅盆之类，如果将折旧并进来，是不是也要将企业所有的折旧作为计算 14%的基数呢？显然这里面有一个逻辑思考的配比问题。

虽然小编有上述的思考，但是，怕不入流呢。咱还是查查网上的类同资料样本，看看税务机关有没有处理过这样的事项。

（1）国家税务总局咨询问题认为可以税前扣除。

问题内容：职工集体宿舍楼折旧及日常修缮支出，能否在企业所得税税前扣除？（发布日期：2010年04月19日，来源：国家税务总局纳税服务司）

回复意见：如果该固定资产属于企业所有，其所发生的折旧费及日常简单的修缮费支出，可以在企业所得税税前扣除。

（2）大连国税明确可以税前扣除。

问：用于食堂的购入固定资产计提折旧是计入管理费用科目还是应付福利费科目？

答：用于食堂的购入固定资产计提折旧是计入管理费用科目还是应付福利费科目，应该按照会计规定执行，不是税法规范的内容。至于食堂的固定资产折旧是直接税前扣除还是计入福利费，按照《国家税务总局关于企业工资薪金及职工福利费扣除问题的通知》（国税函〔2009〕3号）规定：尚未实行分离办社会职能的企业，其内设福利部门所发生的设备、设施和人员费用，包括职工食堂、职工浴室、理发室、医务所、托儿所、疗养院等集体福利部门的设备、设施及维修保养费用和福利部门工作人员的工资薪金、社会保险费、住房公积金、劳务费等。文件没规定食堂的固定资产折旧要计入福利费范围，因此可以直接税前扣除。

（3）陕西地税明确并入福利费计算扣除。

问：企业办公用房作为职工宿舍计提折旧能否税前扣除？

答：《国家税务总局关于企业工资薪金及职工福利费扣除问题的通知》（国税函〔2009〕3号）第三款第一条规定，尚未实行分离办社会职能的企业，其内设福利部门所发生的设备、设施和人员费用，包括职工食堂、职工浴室、理发室、医务所、托儿所、疗养院等集体福利部门的设备、设施及维修保养费用和福利部门工作人员的工资、薪金、社会保险费、住房公积金、劳务费等。所以，你公司作为员工宿舍的房屋计提的折旧，可以计入职工福利费在税前扣除。扣除标准为职工福利费支出不超过工资、薪金总额14%的部分。

（4）四川国税明确可以扣除。

问：企业按会计准则的有关规定，将防暑降温费等劳动保护类津贴计入应付职工薪酬直接发放，将集体宿舍折旧费、物管费、水电费、网络费等直接计入管理费用，并做全额税前扣除，此税务处理方式是否适当？

答：按照《国家税务总局关于企业工资薪金及职工福利费扣除问题的通知》（国税函〔2009〕3号）第二条、第三条的规定，所得税法上的“工资薪金”与会计准则上的“应付职工薪酬”核算内容是不一致的。无论企业会计上对“应付职工薪酬”如何核算，税收处理上均要严格依据国税函〔2009〕3号文对“工资薪金总额”和“职工费利费”进行准确划分，并按照各自不同的扣除标准进行税前扣除。集体宿舍折旧费、物管费、水电费、网络费，在国税函〔2009〕3号文未明确列举为职工福利费，不能做类比推论。因此，对“集体宿舍”所涉及的相关费用，可不作为职工福利费限制扣除。

国税函〔2009〕3号文件与财企〔2009〕242号文件规定如下事项是在福利费之列的：企业尚未分离的内设集体福利部门所发生的设备、设施和人员费用，包括职工食堂、职工浴室、理发室、医务所、托儿所、疗养院、集体宿舍等集体福利部门设备、设施的折旧、维修保养费用以及集体福利部门工作人员的工资薪金、社会保险费、住房公积金、劳务费等人工费用。此处用的是设施、设备，因此小编认为购入设备的目的性很强，就是用于福利，而房屋本身无论是否用于福利，都是企业的一项计提折旧的资产，从用途上看，并入福利费，也可以解释。但超标的结果呢？

无论是食堂还是宿舍，小编认为，这个在逻辑上与工资薪金的配比也是有不匹配的影响的，因此小编结合规定与查询资料，比较赞同直接扣除。如果企业说会计就是在核算福利费，那也没招，此时如果做重分类，讲理可能讲不通。但是，如果企业是租来的房屋，属目的性强的费用支出，此时属于福利费列支更合适。

对于发生的费用，小编不是很赞同四川国税的口径，尽管对企业有利，认为没有列举就不需要考虑，但还是要从原则上思考，列举应无穷尽，反之如果有人认为不列举都不认扣除，难道还要比老板还“老板”管企业愿意支出的内容吗？

至于食堂与宿舍，如果发生的水电费支出等，企业取得了专用发票做了抵扣，小编认为要合理地区分做转出处理，因为费用属性是福利性的支出。税务同行与企业需要多加关注！

2.1.7 八项规定之后食堂发生的业务招待费去哪儿了

现在的高档餐馆，人少了，都到哪儿去了呢？基本上都比较“辛苦”地在自家的食堂中吃，比较简单。但如果涉及会议费、招待费等，如何更好地区分开来，便于进行企业所得税的正确处理呢？

1. 食堂的模式

（1）自营，自己招人（正式工或劳务工）来采购，当大厨，自己采购油盐之类，自己做菜单，企业通常将资金划至食堂的账户上，一定期间内清理报销。偶有对外经营，如对子公司、对社会有一些经营的行为。

（2）外包，即通常外包给某个酒店、物业公司等进行处理，所有的结算，都是对方开具发票给企业报销处理。

2. 如何划分

如果是自营的，如何区分呢？此时企业是一次性购入的料品，需要区分使用目的来划分，尽管可能很难。这时可以根据食堂的签单，将会议费、招待费，由福利费转移出来，但年度当中不应挤占福利费的额度，因此年内要划分清楚。

如果是外部物业公司提供的，可以要求其提供相应的发票直接分开，如果分不开，也可以考虑“转出”的方式处理。

3. 风险如何把握

如果是税务机关，一定要关注这种廉洁规范对于所得税的影响。对于企业要正确区分，以免多调整了福利费（超标），或者少调整了招待费。同时对于自营的食堂，对于取得发票的来源、真实性，是否取得，都需要关注。

2.1.8 什么是补充医疗，如何管，如何投保

什么是补充医疗，税法没有规定。税前扣除政策如何，只能从当地政府的规定及保险公司的定义来考虑了。

1. 税法规定

《财政部 国家税务总局关于补充养老保险费、补充医疗保险费有关企业所得税政策问题的通知》（财税〔2009〕27号）规定：

根据《中华人民共和国企业所得税法》及其实施条例的有关规定，现就补充养老保险费、补充医疗保险费有关企业所得税政策问题通知如下：

自2008年1月1日起，企业根据国家有关政策规定，为在本企业任职或者受雇的全体员工支付的补充养老保险费、补充医疗保险费，分别在不超过职工工资总额5%标准内的部分，在计算应纳税所得额时准予扣除；超过的部分，不予扣除。

2. 补充医疗的形式有哪些

《北京市劳动和社会保障局 北京市财政局关于印发〈北京市企业补充医疗保险暂行办法〉的通知》（京劳社医发〔2001〕16号）规定：

第二条 补充医疗保险是基本医疗保险的补充形式。参加了本市基本医疗保险的企业可以为本单位职工和退休人员（外商投资企业限于中方职工）建立补充医疗保险。

第四条 补充医疗保险费支付职工和退休人员在定点医疗机构和定点零售药店发生的下列费用：

（一）个人账户不足支付时的医疗费用；（二）基本医疗保险统筹基金支付之余应由个人支付的医疗费用；（三）大额医疗费用互助资金支付之余应由个人支付的医疗费用。

第七条 补充医疗保险由企业管理。企业根据本办法制定具体管理办法。

《关于进一步完善补充医疗保险有关问题的通知》（京劳社医发〔2003〕52号）规定：

二、补充医疗保险在单位自管基础上，为扩大资金的共济能力，鼓励中、小型企业实行行业统筹或委托商业保险公司进行管理。

三、认真执行《北京市企业补充医疗保险暂行办法》（京劳社医发〔2001〕16号）规定，补充医疗保险资金应当主要用于支付基本医疗保险统筹基金和大额医疗互助资金支付范围内个人负担的医疗费用，禁止以人均形式发给参保人员。

九、用人单位制定或修订补充医疗保险办法后，应当在30日内将有关书面材料报送所在区、县劳动保障局；每年1月31日前将上年度本单位补充医疗保险执行情况报区、县劳动保障局。

所以，依照上述规定，补充医疗保险是用于医疗目的，即可以采用自管及向商业机构投保的方式进行。

3. 对于税收政策几个关键指标的理解

一是全体员工的范围。如总分公司、高管及员工，有的缴纳，有的没有缴纳，这就面临着都不让扣除的问题。但是有的多，有的少，不影响总数计量，即不是每个人进行挂钩5%，而是全体合计数。同样全体员工也不是绝对的数量，比如有的员工刚入职，有的待离职，这些非主观行为造成的有时存在差异的情形，不宜直接定性为不是全体员工的条件。

二是工资总额的口径。2014年度的申报表修订之前，一直存在争议，是以上一年还是当年的，是会计上还是税收上，不一而足，当下至少申报表说了这个事，计算5%的基数口径，就是当年度税前扣除的工资薪金。

三是保险公司开发的补充医疗产品。这可不简单，现在基本上叫员工保险大产品，包括意外保险、寿险，有时虽然发票上开具着补充医疗保险的字样，但是如果看合同，我们税务机关的同志就会发现可能有商业保险、寿险部分，是不能作为补充医疗保险事项的，因此需要剥离出来，单独进行纳税调增处理。

四是向员工发放的形式。这也是不符合补充医疗的形式的，因此虽然从员工工作受益性的角度思考，作为工资可能就让扣除，但是作为补充医疗，只能说受限制范围，而不能得到扣除。

2.1.9 补充养老保险有哪些，对于年金缴纳比例与税前扣除比例的政策差异如何处理

往往我们提到补充养老保险多是年金，这也是国有企业的一种管

理形式，但是如果有的企业办理的是保险公司开发的补充养老保险，不叫年金，也应允许适用该政策。

《企业年金试行办法》（劳动和社会保障部令第20号）规定：

第七条　企业年金所需费用由企业和职工个人共同缴纳。企业缴费的列支渠道按国家有关规定执行；职工个人缴费可以由企业从职工个人工资中代扣。

第八条　企业缴费每年不超过本企业上年度职工工资总额的十二分之一。企业和职工个人缴费合计一般不超过本企业上年度职工工资总额的六分之一。

但是我们的税法规定是当年度税前扣除的工资薪金的5%，这不明显比人家规定的少吗？那也没有办法，只能照着税法规定的标准执行。

还有一个追溯调整的问题，即如果企业一下子补缴了三年的年金，则当年度肯定是超标的，只能追溯之前年度进行纳税调整。所以遇到这种情形，税务机关也需要关注追溯退税的处理。

2.1.10　住房公积金扣除基数及比例的规定

现实当中，比较有争议的是住房公积金的基数，首先是当地人民政府规定的比例及限额。如北京市的口径是这样的：每年7月份调整住房公积金的基数，即上限是上一年北京市职工平均工资的三倍，据实孰小来确定计算基数，同时按缴纳比例12%来计算。

一个问题是，有的企业在计算调整时，不是以个人的上限来计算的，是统一按上年平均工资的三倍的合计数乘以12%，再乘以12个月来计算，这是不对的，注意一年当中有两个基数，同时应是以每个人的基数来计算个人是否超标确定，这不是大口径的概念。

但是北京市住房公积金管理中心对于部分金融企业放开了缴纳基数，此时税收上如何认定，我们理解，这并非人民政府统一界定的标准，因此不予认可掌握可能是比较现实的征管认定。

但是全国可并不都是这样的规定，税法规定是按当地人民政府规定的比例，如广东是按20%的比例，上海规定可以按15%的比例，显然这跟个人所得税规定中，全国都按12%比例计算个税扣除限额是不一样的，因此如果北京的企业在外地设立分公司，分公司人员的住房公积金的扣除基数及比例应遵照当地的条件，而不是执行北京市的标准，汇总纳税只是一种方法，但是不是绝对地都执行北京市的政策口径。

2.1.11 关于“大口径”与“小口径”的计量确认

这里面有两个问题，一个是总分机构在不同的省份或地区时，地区间的政策如何执行，比如北京市是汇总总机构，而分公司所在地规定了补充医疗保险认可自管的形式（仅是举例），如果北京市的政策是不予认可自管的形式，如何处理？从个人的理解来看，执行总机构的口径为先，因为分支机构仅涉及分摊所得税，不涉及计算所得税，尽管当地税务机关可能也有检查分公司补税的情形，但是整体而言，对于企业，首先宜先执行总机构税务机关的政策，如分公司当地的口径更严格一点，为“保险起见”，也执行一下为好。

同样，因为当下涉及纳税调整时，有的公司要求各个分公司分别调整，再汇总，则此时可不是简单的加总。

［**案例**］　某分公司单独计算其工资薪金的14%是100万元，实际发生的福利费是120万元，但是另一个分公司计算工资薪金的14%是80万元，实际发生福利费是60万元，此时一个超标调增120－100＝20，一个不做纳税调增：60－60＝0，但是合并后：120＋60－100－80＝0，一点儿也不用纳税调整，则此时我们就知道，纳税调整时是要用全法人的计算口径来计算的。

那诸如此类限额计量调整的事项有哪些呢？如表2-5所示：

表2-5

事项	大口径描述	备注
工资薪金	法人调整多少得看汇总的账载与实发	分公司并不需要考虑什么额度之类，尽管有的分公司有发放的额度限制，但这只是企业自己的管理，并不能决定税务拿来作调整口径
职工福利费	原则同上，以大口径的工资薪金发放额作为计算14%的基数	如果福利费中有不允许扣除的，则不能用额度来平衡，如目前掌握的离退休补贴，就必须剔除出来单独做纳税调增处理
职工教育经费	原则同上	原则同上
工会经费	尽管工会经费与各家的支付有一定的相应性，但是认为仍可以用大口径	原则同上
补充医疗保险、补充养老保险	同工会经费	原则同上
社会保障支出	看是否超过当地政府的标准，不必考虑大口径的计算基数之类	也不建议考虑12月计提或提前收取，要人家调整的认识

续表

事项	大口径描述	备注
住房公积金	看各家自己的调整结果，不需考虑大口径工资基数之类	注意要以个人的标准来计算超标与否
广告费和业务宣传费	大口径的收入指标统算	
捐赠支出	大口径的会计利润的指标统算	如果一家分支机构亏损，另一家盈利，则亏损机构的捐赠支出，与合并之后的利润的12%进行比较
手续费及佣金支出	原则同上	原则同上

2.1.12 为员工承担或补缴的个税的纳税调整处理

现实当中，我们在检查企业个人所得税的时候，有一些福利性的支出，没有代扣代缴个人所得税，后来查出来要补税，本来代扣代缴的单位要罚款，个人要承担个人所得税，但是实际情况往往是单位直接补缴了个税，个人却没有支付，或者也没有对单位进行罚款处理。那么，代为承担支付的个税，企业所得税前能扣除吗？

《国家税务总局关于雇主为雇员承担全年一次性奖金部分税款有关个人所得税计算方法问题的公告》（国家税务总局公告2011年第28号）规定：

雇主为雇员负担的个人所得税款，应属于个人工资薪金的一部分。凡单独作为企业管理费列支的，在计算企业所得税时不得税前扣除。

所以现实当中，如果有的单位补的个税是从“应付职工薪酬——工资薪金”科目走的，相当于发放的工资薪金；如果是计入福利费、其他费用科目，可以据此做纳税调整处理。只是这时候，有一个理论的要不要反算个人所得税的计算方式。

2.1.13 劳务派遣间接发放工资转化为直接发放工资的筹划

这里面的核心是，可以不由派遣方发放工资，但是谁来代扣代缴个人所得税将是重点，因此从税务机关扣除工资薪金的认可角度来看，将派遣方代扣代缴的个税转为由受派遣方代扣代缴，在形式上更接近于工资薪金税前扣除的几个条件的满足上。

2.1.14 为员工购买理财产品、信托产品、保险等创新产品的工资薪金如何扣税

比如某公司与员工签订了激励方案，但是约定没有完成任务之前，暂时不能发放奖励，于是以公司的名义购买了信托产品等，但是在受益人的名字上写的是员工的名字，此时如何界定是不是员工的所得呢？从理论上看，此资金还没有发放给员工，是以公司名义购买的，由于未扣缴个人所得税，则企业所得税税前也得不到扣除。但是如果现在不扣缴，未来的信托利益可能又多了扣缴的计算基数，所以面临两难的境地。

从现实当中看，基于个人所得税代扣代缴之需，如果扣缴了，则企业所得税的扣除也应得到认可。

2.1.15 关于辞退福利的列支处理

1. 基本理解

无论是以什么样的方式预提，这类费用都在实际发放的年度允许

扣除，但是对于其本身是否属于工资薪金项中的合并事项，倾向于是属于大范围之内的，所以并入也未尝不可，虽然不是工作关系，但是仍是相应的人工支出，这个角度是通的，如果从工资薪金是劳动等付出的角度来看，似乎又可以不并入。不过从国家税务总局之前的所得税出版资料中可以看出，列入工资薪金是有提及的。

注意辞退福利有时也会涉及财务费用的部分影响，所以此调整要关注几个不同的科目对接，并与应付职工薪酬下该科目的发生额进行比对，因为负债是一个整体的数据。

有的企业存在内退的职工，只是不在公司工作了，但仍有职工的身份，缴纳社会保险之类。此时虽然内退职工没有工作，但是为了稳定企业，不浪费成本、有效地管理（这也是与收入相关的），因此仍应属于工资薪金的口径之内的部分，再加上有的国有企业本身也是有发放的额度包括的，所以统计在内是没有太多质疑的，企业可并不是给离退休人员发放的，说与生产经营无关的支出比较有底气。

2. 特殊案例情形

在之前的国企股份改制之时，有一种更奇怪的辞退福利的处理方式，即从净资产中提取基金支付，此时由于未在利润表中核算支出，能否再允许做纳税调减呢？这到底算是公司的支出还是股东无私的奉献的支出呢？

这个问题，站的角度不一样，可能都会得出有利于自己的判断。但这种情形，对于改制企业又比较多见，小编根据自己的接触，也来总结一下。漏洞是，有的企业扣除了，是不是少缴了所得税？回归本质就是，企业扣除得对，一点毛病都没有，英明的做法！

（1）北京国税之前的问题解读。

问：2009年内退人员的一次性补偿款是否可以从税前扣除？集团要求内退人员的补偿款从企业未分配利润中提取并用于以后年度的列支，在纳税时是否可以做纳税调减？

答：企业与职工解除劳动合同而支付的合理的补偿款，属于与生产经营有关的必要而合理的支出，允许据实扣除。本期提取而未支付的金额，不得在本期扣除，实际支付时，做纳税调减处理。内退人员的补偿款从未分配利润中提取并用于以后年度的列支，在国家税务总局未做进一步明确前，在计算应纳税所得额时不予从税前扣除，不做纳税调减。

（2）相关的规定。

《企业公司制改建有关国有资本管理与财务处理的暂行规定》（财企〔2002〕313号）（这个事，小编遇到了好几个有趣的案例，处理上却并不相同，有的企业被认，有的企业未被认，而且还有花不完的转回来，要不要纳税，这些值得我们做税的同志探讨一下）规定：

在公司制改建过程中，企业依照国家有关规定支付解除劳动合同的职工的经济补偿金，以及为移交社会保障机构管理的职工一次性缴付的社会保险费，可从改建企业净资产中扣除或者以改建企业剥离资产的出售收入优先支付。

《财政部 关于企业重组有关职工安置费用财务管理问题的通知》（财企〔2009〕117号）规定：

企业重组过程中，对符合法律、行政法规以及国务院劳动保障部门规定条件的内退人员，其内退期间的生活费和社会保险费，经批准可以从重组前企业净资产中预提。

上面的两个文件，是什么意思呢？这也是上面讨论问题的由来，到底是不是花了企业的钱？能不能税前扣除？

首先小编对于北京国税的回复，还是理解的，小编的看法是：

第一，谁花了这笔钱，是企业还是股东，如果从员工的身份来看，看起来像是企业辞退的人员，所以有相关性，当然可以税前扣除，钱也是从公司账上支付出去的。如果从处理上看，相当于减少了净资产，减少了资金，相当于股东取得分红，又给了企业，企业支付给了员工，这样理解，形式上少了一个股东先取得，再给企业的环节，同时股东也没有做股息红利（如果是国资委也没有税之说）。

从改制清产核资的角度看，改制是对股东的投资额进行了调整，如果从未分配利润处理，似乎是分配利润的方式，股东掏了一部分利润出来，这个利润能不能算股东（如是企业）的税前扣除呢？从法人的角度又不能。但是这块支出确实又没有在支付主体层面计入利润表的支出中，因此做纳税调减，给操作的理由取得带来困难。

第二，小编认为，在这里直接引用2012年15号公告说企业没有进行会计处理不允许扣除，只是一种类律师的“辩”思想，我有的东西没有计收入，放在资本公积，还让我计税？也没有会计处理啊，这有点形式主义了，不是行话。

第三，如果从资本公积冲减处理，若是历史形成的拨入资产，之前没有缴过税，此时还让税前扣除，逻辑上小编认为不大通，当然现在已突破到可以认为是投资或划拨转入的性质了（适合条件的），此时是投资本金直接支付上述费用，这个说起来更显被动。

由于上述的企业多为国有企业，因此这种特殊的产物产生了特殊的税务诉求，如何能保证在税上扣除不吃亏？小编认为虽然其间存在处理形式上的不完善，但本意上还是股东出钱办了这个事，不然冲净资产做啥？同样，国有企业的核减资本等往往也是同样处理的，如果企业在税前做纳税调减处理，前提是企业承担的费用，那一个问题是，改制或重组是股东与其他股东之间的利益对搏（如引入其他股东），放弃的股东利益，由于不涉及股东层面真实的收入与支出，自然也不做利润分配了。

当然有的企业虽然计提了，但是最后没有花完，如余下 2 000 万元，企业在会计处理上又转入了营业外收入，遵照不让扣除的处理路子，这项收入也不是所得税上的收入，需要做纳税调减处理。

所以小编也是遵照上述事务的本意考虑的，而不是形式上了断。如果允许企业税前扣除，还是有风险的，总体上小编认为这是改制股东博弈的结果，而不是企业为生产经营而产生的结果。如此，像某些外企税后计提的员工福利基金，还有一些企业的税后风险金等，是计入净资产时就约定好的，跟此处情形让渡的本质有相近性，还真少见允许扣除的。

2.1.16 集团公司内派遣员工的工资薪金的列支主体

某国有企业母公司，于2015年9月始派遣研发部甲到子公司挂职总经理，相应的社保支出仍由母公司承担，而工资薪金则由子公司发放，此时汇算清缴时如何认可？

对于此类情形，外商投资企业有事业部核算之类，通常是按照服务方式解决的，即母公司跟子公司收管理服务费，开具发票结算，有的时候还多要钱，算母公司适当的利润。但也有简单处理的，不要服务费，只要工资承担列支，这跟我们税务机关中如市局派遣科里的同志到区局挂职，有类同之处，当然公务员现在也搞社保改革了，估计也会体验到这类的情形。

小编认为，上述情形下，走服务费的方式，列具发票核算，是最有效认可方式，营改增之后，双方多有销抵，还没有产生流转税的成本。如果不开具发票，此时难道子公司就不能列支这个人工作的支出了吗？一是支出是不是与收益相关，是相关存在；二是当下社保是不是列支工资的先决条件，在税法上并没有此要求条件，原来有的地方还非要坚持一定有社保才让作为工资薪金，这也有点“理想主义”了！后来国家税务总局2012年第15号公告认可了实习生、临时工的工资薪金，这个理念也不会说公告这条废止了就要变，黑白就要划界处理。建议内部行文明确，同时对于实际发放的工资薪金也不要跟子公司多要，自己母公司留着，这就有服务的价值在里面了，而母公司则相当于代这个人缴纳社保，所以社保支出也由子公司承担，小编认为这样从直接雇佣的角度考虑也是行得通的。

当下有的央企经营困难，子公司没有钱发工资，或安置不了员工时，母公司负责支付，直接列营业外支出，认不认？显然从法人主体归属上是不能认可的。或者能不能通过资本公积挂一下，算投资行不行？可能母公司认为这计入长期投资好像怪怪的，不如就直接调整也不沟通了，因为母公司有时亏损大也缴不到税上来。

2.1.17 外籍人员的相应福利性支出，特殊群体享受的部分，是否属于福利费

这个问题其实还是要追溯一下上面的说法，即福利费到底是要有规定的情形，还是凭感觉让企业自己定？显然央企等可能有相应的规则，不让随便花钱，但是民企也是老板掏银子出来，外企号称跨国公司，制度也有一套，人家来中国工作给点特殊待遇，就像华为一样出去，有住房补贴，难道不让列支？退一步讲，列在有限额的福利费当中，行不行呢？

虽然之前我们定了个调，说不让外籍人员享受语言培训费、住宿费、子女教育费等实报实销的补贴免个税的规定，但财税的文件也没有更新明确，企业就是要在所得税前列支这些费用，既然前面认可了免税，显然是认为属于相应的支出。同时人家带着孩子、伴侣来中国，也是为好好工作，是有相关性的，如果仅从形式上看，不属于与生产经营相关的支出，所以现实中，有的认为不可扣除，有的认为作为福利费扣除，有的认为作为正常费用扣除。小编更倾向的观点是作为福利费扣除，但是如果在合同中明确，这些费用是来中国的必备条件，则可以考虑如租房、租车等正常列支，不受福利费的限制。

此时有几种情形，即有的时候是外籍同志自己找的房子，发票开具的是自己的名字，有的时候是公司统一安排的，统一开具的是公司

的名字，所以如果从减少争议的角度看，开具公司名字的发票是最为保守的处理。

2.1.18 取得税后工资，员工个人所得税的处理

当下的外籍人员工资，及部分的民企职业经理人同志，要的是税后工资，因而个税是要公司承担的。如此，要将承担的个税也计入工资薪金的成本费用中，至于是计入应付职工薪酬还是计入应交税费，不影响作为成本费用的工资薪金性质。

所以这种情形下，有时人家解释时也不说承担个税，只是说工资与个税分开核算而已，说得越多说不定被质疑的问题越多。这也是一种技术性的处理!

2.1.19 离职后给予的保密费等支出

有的公司可能有这样的情形，即老大要离职，但是掌握了公司的机密，由此公司要求离职后 6 个月不要工作，公司继续发工资。这应该如何处理呢?

从相关性的角度看，公司肯定不会无缘无故地承担此费用，这跟离退休的情形还是不同的，那是明确的承担后续义务，但是本情形呢，就算不是工资薪金，也是补偿的一种，似乎列为补偿支出更合适一些。

2.2 业务招待费

首先什么是业务招待费，没有定义，也不仅仅是吃饭这么简单，

所以在实践当中，就有不同的理解产生。现实当中有何特别的情形需要大家在查阅业务招待费时关注呢？因为业务招待费与业务宣传费、会议费、办公费等，企业往往在划分上也不易清楚。比如有的会计人员在做账时，“笨”一点的就在每个摘要上都写上招待某某什么事，“聪明”一点的，摘要上就简单地写报销费用，让我们的税务人士查找起来很困难。

可能很多人认为，扣除的基数应是税收口径下的，这样才具有配比关系，还有涉及开办费中的业务招待费，其本身不涉及收入口径的限制计算，今天我们再来梳理一下。

1. 相关规定

《企业所得税法实施条例》

第四十三条　企业发生的与生产经营活动有关的业务招待费支出，按照发生额的60%扣除，但最高不得超过当年销售（营业）收入的5‰。

《国家税务总局关于贯彻落实企业所得税法若干税收问题的通知》（国税函〔2010〕79号）

对从事股权投资业务的企业（包括集团公司总部、创业投资企业等），其从被投资企业所分配的股息、红利以及股权转让收入，可以按规定的比例计算业务招待费扣除限额。

《国家税务总局关于企业所得税执行中若干税务处理问题的通知》

(国税函〔2009〕202号)

企业在计算业务招待费、广告费和业务宣传费等费用扣除限额时，其销售（营业）收入额应包括《实施条例》第二十五条规定的视同销售（营业）收入额。

《北京市国家税务局2009年度企业所得税汇算清缴政策问题解答》

问：投资公司的投资收益能否视为营业收入并以此作为计算业务招待费扣除限额的基数？

答：根据《中华人民共和国企业所得税年度纳税申报表及附表填报说明》对附表一第3行“主营业务收入”的填报说明：根据不同行业的业务性质分别填报纳税人按照国家统一会计制度核算的主营业务收入。对主要从事对外投资的纳税人，其投资所得就是其主营业务收入。因此对以投资收益为主要收入的投资公司，其投资收益可以作为计算业务招待费扣除限额的基数。(注：这里是从报表的角度理解的)

再来看看新版本的申报表中说明是如何说的：第15行“(三) 业务招待费支出”：第1列“账载金额”填报纳税人会计核算计入当期损益的业务招待费金额；第2列“税收金额”填报按照税法规定允许税前扣除的业务招待费支出的金额，即：“本行第1列×60%”与当年销售（营业收入）×5‰的孰小值；第3列“调增金额”为第1－2列金额。但是申报表中却没有给出表间公式，即不强制等同于收入报表中的“营业收入”。

2. 基数的理解

首先习惯性地与收入报表中的营业收入对接基数，显然是少了政策提到的视同销售收入的部分（旧版本的报表是支持收入报表中填写视同部分的，而新版本是需要进行基数调整的）。但这样就结束了吗？显然我们还有争议的事项来探讨。

投资收益，是不是限于专门作投资的集团总部、创业投资企业呢？小编认为，就事不就人，应是一种合理的解释。即如果是从被投资企业所分配的股息、红利以及股权转让收入，允许作为更好，不过有的地方是小口径理解的，这需要有效的关注。

比如当下，对于金融业的收入报表，可能靠不上集团总部、创业投资企业，但人家也有投资，比如股权投资，难道还不认了吗？遵照会计准则的利润表，投资收益是作为营业收入项下的内容核算的，难道不让算吗？小编就此查询了一下新旧版本的报表：

（1）旧表填报说明：如证券公司，第 34 行“其他业务收入”：填报纳税人取得的投资收益、汇兑收益等。

（2）新表填报说明：同样的事项，第 34 行“其他业务收入”：填报纳税人发生的除主营业务活动以外的其他经营活动实现的收入。

这里没有投资收益了，难道发现了这个问题，非要从收入的核算中扣除吗？或许这是有争议的一个地方，从不确定性角度出发，建议适当地调整处理。

还有争议，如果都切换到税收口径下的收入，会计的数据要全部对接调整，为何？比如时间性调整，不符合权责发生制的调整、权益法核算的投资收益调整等，这些估计少有企业进行处理。我们当下的处理规则，可能是一半夹杂着会计，一半夹杂着税收的调整，当然，这是有问题的，也是我们习惯性的误解所致。

2.2.1 业务招待费的统计口径

与职工薪酬一样，业务招待费的统计口径也应分资产化、费用化统计，尽管会计核算上要求计入管理费用，但是实践当中企业计入无形资产开发、在建工程等事项的也较普遍，因此在进行纳税调整时，需要一并关注查阅统计，尽管没有当期进行利润总额的计算范围，但是仍是在当期一并进行纳税调整，这也是比较实务的处理方式，与理论有一些脱节（见表2-6）。

表2-6

业务招待费的纳税调整

事项	调整的基本方法	填报说明
业务招待费	如果现在不调整，以后谁去负责有效的调整是个问题，因此建议对全部发生额进行调整，因为有很多企业并不是简单地将业务招待费记入管理费用一个科目	表A105000第15行“（三）业务招待费支出”：第1列“账载金额”填报纳税人会计核算计入当期损益的业务招待费金额；第2列“税收金额”填报按照税法规定允许税前扣除的业务招待费支出的金额

不过，我们必须单独关注开办费当中业务招待费的调整方式：

《国家税务总局关于企业所得税应纳税所得额若干税务处理问题的公告》（国家税务总局公告2012年第15号）规定：企业在筹建期间，

发生的与筹办活动有关的业务招待费支出，可按实际发生额的60%计入企业筹办费，并按有关规定在税前扣除；发生的广告费和业务宣传费，可按实际发生额计入企业筹办费，并按有关规定在税前扣除。

所以开办费中的业务招待费，基本上认同按开办费的适用标准扣除，但是需直接纳税调增40%，不需要考虑收入的口径。所以在统计口径上，并不需要将开办费中的业务招待费并入此项下进行调整，不然会受到收入口径的影响，直接在其他项下调整即可。

2.2.2 业务招待费中代扣代缴的个税是否仍作为业务招待费

如某企业赠送的个人礼品、宣传品等，代扣代缴的个人所得税多由代扣代缴的主体承担。有两种方式进行会计处理：一是继续计列为业务招待费科目，二是作为营业外支出列账。此时作为我们的征管人员，如何进行处理呢?

一种观点认为，代扣代缴的个人所得税的金额仍属业务招待费的支出事项，尽管没有发票等要式凭证，但是支出的事实发生了，因此是可以作为业务招待费处理的。

另一种观点认为，这是为非受益性出发点承担的与生产经营无关的支出，不得税前扣除，直接做纳税调增处理。

对于上述的问题，如果从招待的支出预算来考虑，企业就是愿意拿出含个税的金额来作为招待目的，所以一并作为业务招待费科目，个人认为有其合理性。为第三方承担无相关性的支出，这根本不是做好事的节奏。

这里需要考虑一个问题，即有的单位在代扣代缴个税时是反算的，如物品值 80 元，则以 80/(1－20%)×20%＝20（元）来计算，但是有的单位是不反算，直接以 80×20%＝16（元）计算代扣代缴，这其实是不对的。如果企业所得税上非要说是给不相关的第三方承担的，人家就说不用反算，同意做纳税调增处理，但个税代扣代缴要少点。

2.2.3　对用餐费用的区别处理

对用餐费用如何区分的理解如表 2-7 所示：

表 2-7

事项	如何区分的理解（仅供参照）
会议费中的用餐费用	如属商务、业务、内部培训活动中合理发生的，建议完善凭据作为会议费处理
会议费中的赠送礼品	对于答谢客户业务人员的礼品，理解上属于业务招待性质，不过并入会议费如何区分就需要更多关注了；如果计入业务宣传费中，则相应有一些形式上的处理，似乎也有空间可以谈
会议费中的专家劳务费	作为参会人员的劳务报酬，需要代扣代缴个人所得税
境外考察	需要提供境外考察的事项安排，证明其与业务的相关性，而不是个人相关的奖励费用
员工出差过程中的餐费	能说明员工自己发生的合理性的，属于正常的出差费用
员工出差过程中的赠送礼品	通常会被认为属于业务招待费，当然需要与业务宣传费区分
员工加班时发生的餐费	真实发生有相应的合理性、凭据的，理解上可以作为正常的费用扣除，并非一定属于职工福利费的范围，宜计入相应的成本费用
预付卡	明确说明购买的预付卡的赠送，通常会被认为属于业务招待费性质
年会、聚会费用	理解上属于福利费，可以与业务招待费进行区别

续表

事项	如何区分的理解（仅供参照）
劳务派遣工用餐支出	不宜认定为招待费性质，而是属于福利费性质，与自己员工一致处理
为客户报销的费用，如交通费、住宿费	如果非要注明，还是有业务招待费的性质
集团内接待发生的费用	看是为业务相关发生的还是单纯的接待，理论上认为集团内招待的情形会比较少

2.2.4 关于预付卡的费用及发票的处理

当下，预付卡的发票有两种，一种是对方开具的营业税发票，上面有代收会议费等字样，还有一种是对方从有合作的商场取得的国税的货物或办公用品的发票，其实这些发票的真正购货人并非购卡人。则此时也涉及虚开发票的情形，但多是普通发票，我们该如何处理？

从适用对象看，这种费用多为招待费性质或福利费性质，如果企业列支为费用，通常需要关注分类到相应的涉税调整计算的类别中。至于福利费，相当于是发了福利，加上个人所得税的计算，至于业务招待费，也相当于是送钱，则作为礼品代扣代缴个人所得税。

另外，关于预付卡是送的货物还是钱，需要分情形进行理解，比如下面是小编的个人理解，买入的卡是不是一种可交易的物品或服务？

首先我们来了解，当下什么情形下可以售卡，而售卡的前提是有权销售，购买者多要求取得发票，当两者达到一致时，交易就发生了。

那么售卡时是不是真实的交易呢？在小编看来，售卡其实就是预存款项，花钱占个消费的“坑”，并不是真正的销售行为发生。此时有人问了，如果不是销售，那开具这个发票是不是虚开？这是因为未来有货物的发出，尽管现在还不知何时消费，或者不知道购买者买什么，当下并没有说这个是违法的行为，即这个时候开具发票反而是得到了认可，反正开具了发票缴纳流转税就行。

不过我们知道，在购买第三方“皮包公司”发的卡时，他们自己是不敢开具增值税发票的（也可能有胆大的，营改增之后要拓展业务估计还要探索如何处理），通常是开具一张营业税发票（当下还有路子），再开具一个代收款项的名目，这个事就办了。或者有的人要求取得消费地的发票，“皮包公司”再从供应商那边要一些发票过来（多不是真正的消费对象）转给购卡人，此时改头换面了，存在问题不？存在，但是这个过程中似乎没有少交国家的税，只是发生了发票的错位取得，当消费者与购买者也错位时，相当于赠送的环节得到了隐藏，只是为了一张扣除的发票来保证所得税前的扣除唯目的。

对于上述未消费的卡，小编认为就是纯粹的赠送现金的转移形式，并没有兑现匹配的物或服务，不过这种情形，这么多年，我们一直也未明确所得税扣除中认可的底线在哪里。

如果买入的是一种家乐福这样超市的消费卡，对方开具了普通发票也缴纳了增值税（通常不知 17%还是 13%税率，售卡时暂按 17%计算销项税额，未来真正卖货时再轧差调整）。此时把这种卡送人，算不算送东西呢？小编认为缴纳增值税没有问题，因为其开具了发票，但是并没有发生销售货物本身产生的纳税义务，其所得税通常也是不需要确认的，因为其本身仍是预收款项的概念，会计上也不会确认收入，所得税上理解也不需要确认。基于此，对方取得发票却得到了扣除，相当于先扣了费用支出，再后续才有国家税款的利益补偿回来，这也是一个政策的时间差问题，也是存在问题的。此时送人了，小编认为送的仍是“钱”，而不是货物。尽管符合增值税的纳税义务发生时间。

如果买入的是一种商品的提货券，相当于卖了东西，此时是有东西的所有权了，只是在人家的地方存着，所以小编的认识是，送的就是东西，因为东西在那儿放着，货物指向也是购买人，只是提货人不是本单位，是要送的人或单位而已。此类情形下，这样理解也是通的。

再说上面的涉及的电信充值卡，依照当下的增值税专用发票开具方式，只会开具电信自印的发票，而不会开具专用发票，因为其本身还没有消费。对于加油站的油卡，尽管可以视为购入油在油站放着，但是小编认为这都是预存卡，加油卡会计上并没有确认收入，此时跟我们说的提货卡还是略有不同。

于此，小编理解，我们购入的这些卡，更多是取得了符合流转税的发票，却并不是购入货物或服务的库存，不宜直接定性为视同销售做申报表的调整，即使调整了，也是没有视同销售利润的，因为是外购的可以套一套无利润的考虑，另外也可以套“买一赠一”的方式(虽然文件只规定了商品的“买一赠一”)。如果认为是视同销售，所得税没事，但产生了增值税的销项税额，人家却并不给开具增值税专用发票，这才难受呢。

所以，我们可以说这些卡多数是“存折功能”，而不是“货物功能”提货那种情形。故此视同销售也基本上是不存在的。这是小编个人的理解。

2.3 广告费和业务宣传费支出

这个需要与赞助支出进行划分，比如对于有的企业，政府部门要求出钱赞助某些活动，但确实没有广告或业务宣传的作用，此时赞助支出的定性更多一些。

那么，现金会不会成为业务宣传费支出的内容呢？如某公司为促销赠送自己发行的消费卡，此时是没有发票的，但是从实际发生的角度看，却形成了一定的支出，这时，相应的支出也属于业务宣传费，只是与平时外购发生的费用是不同的，没有直接发票作为支付凭据处理。

2.4 捐赠支出

捐赠支出是按利润总额的12%来计算扣除限额的，但是当下，特别是涉及异地分公司等机构的，由于当地并没有颁布像北京市一样的公益性捐赠机构名录，所以在取得相应的符合机构名单方面，需要企业提供证据，有时只能从名字上看是否是公益性组织。

在取得的票据的合规性方面，有的取得的是行政事业性收费票据，则不符合我们捐赠相关的财政票据使用办法；有的取得的甚至是往来票据，此时也是于纳税人扣除有瑕疵的地方。《财政票据管理办法》（财政部令第70号）规定：公益事业捐赠票据，是指国家机关、公益性事业单位、公益性社会团体和其他公益性组织依法接受公益性捐赠时开具的凭证。

这里的公益事业捐赠票据依照《财政部关于印发〈公益事业捐赠票据使用管理暂行办法〉的通知》（财综〔2010〕112号），规定了相应的票据式样，即公益事业捐赠统一票据（本装票）式样和公益事业捐赠统一票据（滚筒机打）式样。

通常企业捐赠支出有这样的情形：一批旧电脑作清单申报报废了，但是企业没有扔，而是捐赠给了某小学，此时如何处理？一方面，企业形成了损失，税前扣除；另一方面，企业有视同销售的情形，此时其价值一般也与净残值相当或基本上就是 0，进行视同销售处理的情形很少，价值也不大，但是在增值税方面，还是要关注企业的处理是否进行了增值税的视同销售处理。

还有的企业采购外部的存货进行捐赠，可能取得了采购的发票，是 100 万元，但是捐赠时对外宣称的价值是 200 万元，取得的票据金额也是 200 万元，此时与账上的金额产生差异，理解上这种差异也应认可，200 万元的票据进行视同销售处理。如果不做视同销售，要直接依票据上的金额来做纳税调减处理，那就有问题了，这跟投资收益权益法分红一样，本来是确定性的支出判断，不是直接纳税调减这样理解。

2.5 利息支出

依照填报说明：第 18 行“（六）利息支出”：第 1 列“账载金额”填报纳税人向非金融企业借款，会计核算计入当期损益的利息支出的金额；第 2 列“税收金额”填报按照税法规定允许税前扣除的利息支出的金额。

这里有两个疑惑：一是向金融机构的借款利息支出，是不需要填写的，但是现实当中，企业纳税申报时一般会一起填列进来；二是计入当期损益，这个也不好操作，比如资本化的处理，何时将多少转入当期损益，所以这个填报说明与实践也存在无法操作的部分失去对接。

此时从操作的角度理解，建议企业在差异不大时，一并进行调整处理，即将资本化的也包括进来，不然调整的成本比较大。

利息支出是限于利润表的当期损益概念还是整体发生的概念，恐怕依照填报说明是比较难操作的，如表 2-8 所示：

表 2-8

事项	调整的基本方法	填报说明
资本化的利息	计入当期损益，则我们计入财务费用的利息支出是有条件直接去找到的。但是计入存货、在建工程的部分，要考虑当年度销售结转了多少成本、多少折旧，里面含多少利息，如何分得清楚？遇到原值调整或者是存货加权平均呢？所以建议简单可行的办法是资本化的部分，发生当期一并处理	表 A105000 第 18 行“（六）利息支出”：第 1 列“账载金额”填报纳税人向非金融企业借款，会计核算计入当期损益的利息支出的金额；第 2 列“税收金额”填报按照税法规定允许税前扣除的利息支出的金额

2.5.1 利息支出的凭据

当下大家基本上认可银行的利息结算单作为利息支出的凭据，鲜有要求银行开具发票的，有时银行也不接受开具发票的要求。对于信托公司、财务公司，其性质是一样的，如何要求，可能此时取得他们开具的发票更保险一些，毕竟不像银行这么容易得到认可。新的《发票管理办法》也没有解决这个游离在税务监管的发票之外的情形。

2.5.2 有些不用进行同期同类判断

《国家税务总局关于融资性售后回租业务中承租方出售资产行为有关税收问题的公告》（国家税务总局公告 2010 年第 13 号）规定：

根据现行企业所得税法及有关收入确定规定，融资性售后回租业务中，承租人出售资产的行为，不确认为销售收入，对融资性租赁的资产，仍按承租人出售前原账面价值作为计税基础计提折旧。租赁期间，承租人支付的属于融资利息的部分，作为企业财务费用在税前扣除。

《国家税务总局关于确认企业所得税收入若干问题的通知》（国税函〔2008〕875 号）规定：

采用售后回购方式销售商品的，销售的商品按售价确认收入，回购的商品作为购进商品处理。有证据表明不符合销售收入确认条件的，如以销售商品方式进行融资，收到的款项应确认为负债，回购价格大于原售价的，差额应在回购期间确认为利息费用。

2.5.3 对外投资发生的利息支出

《企业所得税法实施条例》对于资本化利息的处理没有直接提及对外投资的情形，而在旧法下是允许扣除的，不必资本化。我们理解这与固定资产、无形资产等资本化的要求有所不同，投资资产的购置、建造、完成时点是一致的，税法在将购置、建造期作为借款利息费用化或资本化的分水岭时没有包括投资资产，是否意味着对外投资发生的借款利息支出无须资本化？在未明确之前，我们更倾向于可以进行税前扣除。这种处理也是延续失效的国税发〔2003〕45号文件的精神，国家税务总局纳税服务司的答复中也支持税前扣除的意见。

2.5.4 关于债资比的争议

关联方“债资比”根据企业从其全部关联方接受的债权性投资占企业接受的权益性投资的比例来计算，而不是就单一方的债权性投资与单一方的投资额一一计算。债资比是一个非常重要的计算概念，而且有相应的界定标准，这在现实当中，可能影响较大的是跨境的情形，如国内首个资本弱化避税案在陕西国税局的结案就非常具有探讨性。

对于境内关联方超过债资比的情形，在现实当中被许多企业认为可行，这主要体现在财税〔2008〕121号文件的规定上：企业如果能够按照税法及其实施条例的有关规定提供相关资料，并证明相关交易活动符合独立交易原则的；或者该企业的实际税负不高于境内关联方的，其实际支付给境内关联方的利息支出，在计算应纳税所得额时准予扣除。

现实当中，部分集团企业成立了内部的财务公司，用于内部资金的融通调剂，企业的借款与存款基本上是通过财务公司进行处理的。在这种情形下，考虑债资比就极可能存在超过限制比例的情况。由于财务公司执行的是央行的货币政策，可合理推断其具有独立交易的原则，我们理解不应简单地套用债资比。企业应根据文件规定准备相应的文档资料以备证明。

2.5.5 吸收保户储金的费用支出

依据国家税务总局2012年第15号公告的规定，企业通过发行债券、取得贷款、吸收保户储金等方式融资而发生的合理的费用支出，符合资本化条件的，应计入相关资产成本；不符合资本化条件的，应作为财务费用，准予在企业所得税前据实扣除。

2.6 佣金和手续费支出

《财政部 国家税务总局关于企业手续费及佣金支出税前扣除政策的通知》（财税〔2009〕29号）规定：

一、企业发生与生产经营有关的手续费及佣金支出，不超过以下规定计算限额以内的部分，准予扣除；超过部分，不得扣除。

1. 保险企业：财产保险企业按当年全部保费收入扣除退保金等后余额的15%（含本数，下同）计算限额；人身保险企业按当年全部保费收入扣除退保金等后余额的10%计算限额。

2. 其他企业：按与具有合法经营资格中介服务机构或个人（不含交易双方及其雇员、代理人和代表人等）所签订服务协议或合同确认的收入金额的5%计算限额。

二、企业应与具有合法经营资格中介服务企业或个人签订代办协议或合同，并按国家有关规定支付手续费及佣金。除委托个人代理外，企业以现金等非转账方式支付的手续费及佣金不得在税前扣除。企业为发行权益性证券支付给有关证券承销机构的手续费及佣金不得在税前扣除。

三、企业不得将手续费及佣金支出计入回扣、业务提成、返利、进场费等费用。

四、企业已计入固定资产、无形资产等相关资产的手续费及佣金支出，应当通过折旧、摊销等方式分期扣除，不得在发生当期直接扣除。

五、企业支付的手续费及佣金不得直接冲减服务协议或合同金额，并如实入账。

六、企业应当如实向当地主管税务机关提供当年手续费及佣金计算分配表和其他相关资料，并依法取得合法真实凭证。

财税〔2009〕29号文件“解放”了保险公司的税前佣金的扣除，但由于其他企业存在的手续费及佣金比率往往大于限额的5%，由此将其他类企业推入不确定的扣除调整的可能性情形中。但是由于对“手续费及佣金”定义的不明确，及对提供服务方资格的判定不明确，争议非常大。

国家税务总局2012年第15号公告“解放”了电信企业、证券公司的手续费佣金受上述文件的限制，电信企业的解释一定意义上提出了劳务性费用与佣金、手续费的不同，因此很多企业，包括代理销售产品提供信息、关系协调的人员等，都可以从此得到启示。

2.6.1 基本理解

其一，合法经营资格中介是谁，首先这里有机构或个人，其从事的中介服务是否有国家发行的执业资格，对于某些行业是有相应的门槛的，如保险代理人。如果不需要经营资格，是否一样需要计量佣金及手续费列支标准，实践当中往往是突破了资格的前提。

其二，所签订服务协议或合同确认的收入金额，常规来理解是明确的，是需要单项业务与其单项佣金及手续费支出相比较的，而不是总额共享计算的口径。在实践当中，如有的合同约定是持续跨年度的，如何计算其总收入的 5%并分解到年度当中？显然不仅是一个政策的问题，而是一个如何计算的问题。

其三，代理人与代表人提供的服务不在限制范围之列，如何理解代理人与代表人？是否可以直接取自法律上的认定方式？在税法没有明确之前，还是需要有所借鉴的。在财税〔2009〕29 号文件中，保险企业代理人（保险经纪人是指代投保人服务）通常是其手续费及佣金的核算对象，需要有相应的保监会颁发的保险业务代理许可证。但是对于其他企业，是有所不同的。

根据《民法通则》，代理人在代理权限内，以被代理人的名义实施民事法律行为。被代理人对代理人的代理行为，承担民事责任。而代表人通常就是单位内部的人，如法定代表人等，据理解，其中并无居间介绍的功能，而是代理之责与另一单位或个人进行交易的行为，所以也无中介的佣金手续费，虽然可能形式上也叫佣金手续费。

在地方性的文件中，我们关注到新疆地税《关于做好 2009 年度企业所得税汇算清缴工作的通知》（新地税发〔2010〕82 号）中规定，企业委托代理业务支出，不适用《财政部 国家税务总局关于企业手续费及佣金支出税前扣除政策的通知》（财税〔2009〕29 号）中有关手续费及佣金扣除限额的规定。

2.6.2 房地产企业的特殊规定

财税〔2009〕29号文件并不适用于房地产企业中的特定情形，《国家税务总局关于印发〈房地产开发经营业务企业所得税处理办法〉的通知》（国税发〔2009〕31号）规定，企业委托境外机构销售开发产品的，其支付境外机构的销售费用（含佣金或手续费）不超过委托销售收入10%的部分，准予据实扣除。

再回头说一下国内房屋中介机构的费用处理，它们是明确属于合法居间介绍的中介机构，如果有包销的情形，比例往往是大于5%的，不允许扣除。大家心里不爽啊，快“筹划”一下吧。于是有的人就说了，能不能不叫佣金，起个新名字，叫业务宣传加代理费之类的？大家可以想一下，增值税或营业税还有一个价外费用的概念，这不就是减少分拆的应对招吗？如果这样用，还不如找个互联网做点文章呢，如广告、成交及上线维护之类的东西。

2.6.3 从事代理服务企业营业成本的税前扣除问题

从事代理服务、主营业务收入为手续费、佣金的企业（如证券、期货、保险代理等企业），其为取得该类收入而实际发生的营业成本（包括手续费及佣金支出），准予在企业所得税前据实扣除。

2.7 跨期扣除项目

跨期扣除项目主要涉及预提费用，即非实际发生的预提费用的情形，对于实际发生的费用，其扣除的认定往往跟跨期扣除项目相关，但需要对此进行区分。

纳税申报表填报说明规定：第26行“（十三）跨期扣除项目”：填报维简费、安全生产费用、预提费用、预计负债等跨期扣除项目调整情况。

2.7.1 跨期扣除纳税调整的处理

通常是计提列为预计负债的贷方，而支付列为预计负债的借方，则纳税人在进行纳税调整时，有两种方式：

一是扎差式：年末数减年初数就是纳税调整数，差填在账载（调增）或税收（调减）处理，这有点“投机取巧”的味道！

二是借贷方填写制：其结果也是年末减年初数，贷方填账载，借方填税收的方式，这种方式是完整恰当的，但是显然要花时间去复核。

如果涉及第二年预提费用的冲减，如何理解呢？比如第一年计提500万元费用，第二年冲减200万元，第一年是做纳税调增500万元，第二年是做纳税调减200万元。

来看如下的案例：

[案例] 某生产企业2013年度计提5 000万元质量保证金，做纳税调增处理，2014年支出了3 000万元，2014年度如何做纳税调整处理？

这个案例是比较简单的，因为2013年度没有实际发生，所以利润表中扣除的5 000万元，不得做税前扣除，因此对于纳税调增处理，

2014 年支出了，就要记得在税前扣除；对于纳税调减处理，通常企业通过递延所得税进行过程的记录。

当然，简洁的调整方式就是对 2014 年初的 5 000 万元与 2014 年底的 2 000 万元的余额差进行调整，即减少了就做纳税调减处理，2 000－5 000＝－3 000（万元）。

这就有了一个新的问题，冲减的费用呢，是不是同样参照上述方式处理?

［案例］　承上例，第二年不是支付，是冲减了 3 000 万元，这 3 000万元直接形成了当期利润表中的负数费用，当期利润无形之中增加了 3 000 万元。此时 2014 年度如何做纳税调整处理呢?

我们是在 2013 年度纳税调增了 5 000 万元，税前不允许扣除，则 2014 年度多出来的 3 000 万元的利润影响额，也是虚的，一律视为未发生处理，因为原来的 5 000 万元就没有扣除过，所以3 000万元也没有冲减回来增加利润计税的前提，两年下来只是 2 000 万元的调增余额。故此 3 000万元在 2014 年度同样做纳税调减处理。

所以对于此类费用，一个基本的理解就是无论正负，全视为未发生处理，第 2 个案例其实也是满足年末与年初数的差额调整，只是第 1 个案例是冲了往来花了钱，第 2 个案例是冲了费用形成利润，这两种情形都是要做纳税调减处理的。只是要做纳税调减，谨慎一点，可以记得看看原来调增了没有，这挺折磨人的，特别多年来的事情进行追溯。至少别重复扣除。

2.7.2 跨期费用的其他情形

由于其费用实际发生年度在上一年度，会计列支在本年度，因此费用发生的归属年度不符合权责发生制的要求。当然上一年度的汇算清缴中也没有进行税前扣除，缺少基于会计数据纳税调减的依据。由此在未来也没有转回的可能，无法形成递延所得税资产。

《国家税务总局关于企业所得税若干问题的公告》（国家税务总局公告 2011 年第 34 号）规定：企业当年度实际发生的相关成本、费用，由于各种原因未能及时取得该成本、费用的有效凭证，企业在预缴季度所得税时，可暂按账面发生金额进行核算；但在汇算清缴时，应补充提供该成本、费用的有效凭证。

所以这种情形下，我们的建议是企业先充分预提，充分占住这个地，再通过次年 5 月 31 日前取得发票来得到税前扣除的认可。现实当中，有些地方不认可这种跨期的报销，每年产生大额的所得税纳税调整处理。也有的地方，如青岛市，认为如果没有税负的影响，这种费用就搁在报销年度处理。现实当中，有的税务机关看到纳税人进行了纳税调增处理，后来取得票据在取得年度进行纳税调减，也多有认可青岛市的此类情形。

对于次年 5 月 31 日前无法取得票据，在之后取得票据的情形，我们会分情形考虑：一是这种票据的取得，之前是计入利润表费用化处理的，通常是税务机关要求做纳税追溯调整处理，这也符合基本的逻辑原则；二是刚刚计入成本或资产，没有形成税前扣除，则此部分就不需要进行纳税调整，即不用就看应付账款中有多少未取得发票，非要全额调增一样处理。具体见表 2-9。

表 2-9

事项	描述	备注
未发生的跨期费用	这种费用是准备金性质的，没有发生，也没有当下的支付义务，所以是虚的会计上的预估成本费用；调整原则是计提时不允许扣除，实际支付时允许扣除	要注意实际支付时有要求取得票据的情形
发生的挂账费用	这种费用是实际发生的，看似计提，只是因为没有发票等，没有经过报销程序正式列账进来挂应付款处理，因为不给发票不给钱，这是通常企业的做法，但是会计上可以预提	依照国家税务总局 2011 年第 34 号公告的规则要求在汇算清缴之前提供相应的合规票据作为支持。如果取得了，就直接扣除，如果没有取得，理论上不让扣除，待取得时追溯调整所属年度扣除
发生的挂账采购	部分采购列入在建工程或存货，此时并未在税前扣除的情形	并不需要关注汇算清缴前或后取得发票，第二年度再说，不必进行纳税调整

不过，我们要好好思考一下，有些情形下，发票并不是理想的 5 月 31 日的概念，也不是说开就开的概念，必须遵照其他法规的一些方式对接，不能因“所得税而所得税”地推理考虑。

比如某供应商销售货物给甲公司，约定次年 6 月 5 日结算，由此当年度计入固定资产开始计算折旧，若当年度税前扣除 10 万元，但是发票通常是注定在次年汇算清缴之后取得的，难道不予认可都纳税调增？注意此类情形下，是不因纳税人的责任而产生的无法取得验证发票的情形，因此国家税务总局 2011 年第 34 号公告对于票据的验证说，在逻辑与配合上，建议考虑类同情形，而不是一刀切处理。就算切了，但是现实当中如何调整，是否调整，如何有法规规章而能够落实，都是要考虑的。

跨期费用还有如下一种情形，大家可以来看看：

[案例] 某企业是上市公司，为了将会计利润做得好看一些，当年有一笔支出1 000万元，但是故意不放在当年账上，这样发布公告后，当时是好看的，至于以后如何，不管了，但是这个利润老板一看，要缴税，不干了，非要出具鉴证报告的机构将1 000万元作为扣除项进行纳税调减处理。对此如何处理呢？

从理论上来讲，会计是会计、税务是税务，阳光大道与独木桥，各走一边，但是这不是看着不顺眼了、认为不正常、是不是假的之类的问题。我们来看看相应的规范性的说法：

《国家税务总局关于企业所得税应纳税所得额若干税务处理问题的公告》（国家税务总局公告2012年第15号）规定：

六、关于以前年度发生应扣未扣支出的税务处理问题

根据《中华人民共和国税收征收管理法》的有关规定，对企业发现以前年度实际发生的、按照税收规定应在企业所得税前扣除而未扣除或者少扣除的支出，企业做出专项申报及说明后，准予追补至该项目发生年度计算扣除，但追补确认期限不得超过5年。

企业由于上述原因多缴的企业所得税税款，可以在追补确认年度企业所得税应纳税款中抵扣，不足抵扣的，可以向以后年度递延抵扣或申请退税。

亏损企业追补确认以前年度未在企业所得税前扣除的支出，或盈利企业经过追补确认后出现亏损的，应首先调整该项支出所属年度的亏损额，然后再按照弥补亏损的原则计算以后年度多缴的企业所得税

款，并按前款规定处理。

说得很清楚，如果确实属于实际发生且符合规定的，可以扣除，但是有的同志就是担心企业有假，所以不敢接招。此时如果企业在第二年账上做了调整以前年度损益处理，我们认为还是比较容易追溯得到税务处理的，只是这种做法，会让税务同志感觉到心里没底。

2.8 与取得收入无关的支出

什么是有关，什么是无关，现实当中我们往往无法准确确定，多数情形下，是基于未来的利益而发生的支出。比如有时一些公共性的活动，如运动会，政府要求企业赞助，但是没有什么广告的内容，这类赞助，如果从相关性的角度看，是没有关系，但是为了企业的经营环境，还是有关系的。但在执行中，无关更多是直接利益相关性，而没有延伸的理解。

还有的情形是企业与员工之间的费用列支问题，比如企业为了节约支出，用员工的电脑、手机或车，但是提供一些补贴，有的人就认为，为员工承担相应的费用，这不行啊，试想员工如果没有这个名义，拿工资不是更痛快？直接扣除，国企或许稍麻烦一点儿，因为其本身有工资限额的，这些补贴可能有不是人人真实发生一说，或许只能说，就当发个福利费吧，调整到福利费一并考虑扣除也是一个解决方法。如果企业就是拿着没有实际发生的员工的发票列支在交通费、通讯费、物业费中，那还真是有点理不充分。

所以与取得收入无关的支出，可能与员工相关的支出类型更多一些的，这部分由于金额不大，且也比较敏感，有时调整就适当接受一下吧。

2.9 境外所得分摊的共同支出

本身我们对于境外所得，基本上就看企业的报表，也看不到什么实际性的东西，所以境外分支机构的管理，基本上没有什么好办法管理到位。

这个项目，境内机构发生的共同费用，基本上关注比较少，因为不知道为境外发生了什么共同支出，这就需要我们明确地了解税收法规的规定。

2.9.1 什么是共同支出

《国家税务总局关于发布〈企业境外所得税收抵免操作指南〉的公告》（国家税务总局公告2010年第1号）规定：

在计算境外应纳税所得额时，企业为取得境内、外所得而在境内、境外发生的共同支出，与取得境外应税所得有关的、合理的部分，应在境内、境外［分国（地区）别，下同］应税所得之间，按照合理比例进行分摊后扣除。

本项所称共同支出，是指与取得境外所得有关但未直接计入境外所得应纳税所得额的成本费用支出，通常包括未直接计入境外所得的营业费用、管理费用和财务费用等支出。

企业应对在计算总所得额时已统一归集并扣除的共同费用，按境外每一国（地区）别数额占企业全部数额的下列一种比例或几种比例的综合比例，在每一国别的境外所得中对应调整扣除，计算来自每一国别的应纳税所得额。

（1）资产比例；（2）收入比例；（3）员工工资支出比例；（4）其他合理比例。

上述分摊比例确定后应报送主管税务机关备案；无合理原因不得改变。

现实当中有备案的吗？有改变就不行吗？这些估计都是现在的监管空白。我们在看时，首先要看，这种情形一般是境外有分支机构的情形，如果只是投资境外子公司，就看分红就行；如果是直接进行运营，一定要确认分摊的标准，比如海外投资部门的费用，发生借款的财务费用，都要分摊。比如借款，如果只是投资境外子公司，利息是可以作为境内机构的财务费用的；如果是设立境外的分支机构的，就要分清资金是谁用的了。

2.9.2 可以直接作为境内费用的项目

比如某银行在香港地区及纽约有发行股票的行为，因此不得不在当地设置一个联络点，由此从北京到对方城市的机票是算境外机构不得放在境内列支，还是可以列在境内直接列支呢？因为涉及投资考察的费用，仍属境内的主体的。再延伸，就算这个联络点建立了，也肯定是没有收入的，这些费用如果列在境外的小账上，永远得不到扣除吗？

先看看国家税务总局2010年第1号公告的规定：居民企业在境外投资设立不具有独立纳税地位的分支机构，其来源于境外的所得，以境外收入总额扣除与取得境外收入有关的各项合理支出后的余额为应纳税所得额。各项收入、支出按企业所得税法及其实施条例的有关规定确定。居民企业在境外设立不具有独立纳税地位的分支机构取得的各项境外所得，无论是否汇回中国境内，均应计入该企业所属纳税年度的境外应纳税所得额。

不具有独立纳税地位的境外分支机构特别包括企业在境外设立的分公司、代表处、办事处、联络处，以及在境外提供劳务、被劳务发生地国家（地区）认定为负有企业所得税纳税义务的营业机构和场所等。

对于不从事经营活动，只从事联系的机构，如境外企业来中国设立的办事处，我们国家原来是审核是否有收入来看申报所得税，所以有的企业就瞎编一笔收入；也有的是按经费换算，后来倾向于走据实账务核算，但基本上更愿意选择没有收入的方式，只是税务同志越来越不认可。

对于这些驻外的办事联络点，以及这些费用，在没有在对方国家产生税款认定的情形下，小编认为还是可以明明白白地在境内公司列支境外发生的费用的，需要勇敢地走出条款框架，不要被误解或误导，也不要误解纳税人。

2.10 其他扣除类事项

扣除类下，涉及事项众多，凡是找不到对应的地方，都可以放在这儿。如下是基于扣除类事项，我们可以关注的一些内容。

2.10.1 重分类费用

重分类是个啥东西？我们税务机关的同志可能听得少，对于审核的同志，是比较熟悉的，因为这是他们经常做的事。其实就是在确定账载金额之前，对于企业提供的会计科目的数据进行“加工”，但是这里面还是有文章需要关注的。

［案例］ 某公司在福利费中列支了职工的商业保险，此类保险不属于国家规定的可以扣除的事项。2015年度福利费金额共150万元，其中商业保险30万元，同年度工资薪金的14%的限额是100万元，如何进行纳税调整？

第一，重分类，30万元剥离出来，余下150－30＝120万元，此时职工福利费账面金额填写为120万元，税收金额是100万元，纳税调增20万元；

第二，商业保险填写在职工薪酬表中的其他项下，账载金额填写20万元，税收金额为0，纳税调增金额为20万元。

可能有的同志说，我们愿意拿出来20万元，以福利费的名义给员工买保险还不行吗？这真不行，不然我们的企业所得税法规定的扣除限额，都放在工资薪金、福利费等中不都能解决了吗？所以先要归位，再判断是否扣除。尽管企业不会绝对的无故支出没有用的费用。

所以重分类经常涉及如下的事项：

一是不同科目中发生的业务招待费，需要归集到一类下，当然有的时候，我们的同志将业务活动中的餐费一律并为业务招待费，这是不恰当的，可以考虑分离到办公费用中去，但最好是结账之前处理完毕，不要调重分类，因为解释总是麻烦的。

二是福利费中定期与工资薪金发放的部分，可以从福利费中转入工资薪金中，不过一定要注意有没有缴纳个人所得税，不然税务机关会认为没有达到工资薪金的扣除条件之一。

2.10.2 补缴的以前年度税费

通常这种情形列支在主营业务税金及附加，或者列在管理费用等科目中，或者直接补增值税，列入原来对应的成本或费用当中，这些税费是不是必须追溯到以前年度呢?

小编认为，原来没有权责发生制概念的计提的税金部分，但是现在补缴了，相当于实现了支出，因此列为支出发生的当年度更合适，个人认为不必强制要求纳税人去实施追溯调整。从人情味上，以及追溯之前要退税之类的考虑，还是当年度税前扣除，纳税人也不会多拿国家多少税的利益，故此，遇到此类情形，建议简化处理为好。

2.10.3 票据丢失的情形

现实当中，我们往往将无法取得合规的票据作为调增应纳税所得额的操作，当然，是否是唯一性还值得探讨，但是对于票据的管理，显然要更专业地理解。

日常业务中，电子发票的使用仍是少数企业的试点，基本上企业使用的是纸质票据，但在邮寄、交接环节经常丢失，所以没有办法，也不能重开，税得交重了，难道丢了发票真的没有办法来税前扣除吗？

如有的人让对方复印一下发票联，盖个章；再比如开具增值税专用发票丢失的，办理抄报税证明，这些方式日常中经常见到。但是此时非要向税务机关报告并声明吗？估计没有声明的也很多。

如《河南省地方税务局发票管理办法（试行）》（河南省地方税务局公告2014年第4号）规定：

已经开具发票发生丢失情形时，付款方持登报声明作废的报刊原件以及发票丢失的情况说明，经其主管地方税务机关确认后，到原开具方复印发票存根联（或记账联或打印发票开具信息），加盖发票专用章，并附相关资料可替代丢失发票入账，原开具方一律不得重复开具发票。

《新疆维吾尔自治区地方税务局关于处理用票人丢失已填开地税发票有关问题的公告》（新疆维吾尔自治区地方税务局公告2012年第5号）的规定更复杂：

罚款之后开具方还可以向丢失发票方出具《重新开具发票证明》。

《浙江省地方税务局关于贯彻发票管理办法及其实施细则若干意见的公告》（浙江省地方税务局公告2011年第9号）规定：

已开具发票的发票联遗失处理问题：

（一）开票方将发票联遗失的，应按以下规定处理：

1. 开票方于发现丢失当日书面报告主管税务机关，在登报声明作废后接受行政处罚。

2. 开票方将作废声明、行政处罚决定书复印件与该份发票的存根联、记账联等其他联次粘贴在一起，对该份发票进行作废或开具相应红字发票后，再重新开具发票给受票方。

（二）受票方将发票联遗失的，应按以下规定处理：

1. 受票方于发现丢失当日书面报告主管税务机关，在登报声明作废后接受行政处罚。

2. 受票方凭作废声明及行政处罚决定书向开票方索取该份发票的存根联复印件，开票方应在存根联复印件上加盖发票专用章交予受票方。

3. 若受票方丢失的发票为单联发票的，由开票方重新开具发票给受票方，重开时须备注说明原遗失的发票号码、开票日期、开票金额等内容，并将受票方作废声明及行政处罚决定书留存作为重开发票的依据。

《重庆市地方税务局关于发票管理几个具体问题的通知》（渝地税发〔2011〕32号）规定：

受票方发生发票丢失情形的，应于发现丢失当日书面报告其主管税务机关，并登报声明作废。主管税务机关应依照《办法》第三十六条规定进行处理，并出具《开具红字发票通知单》。开具方依据受票方提供的报刊登载原件、受票方主管税务机关出具的《开具红字发票通知单》，开具与发票金额相同的红字发票冲抵原发票，然后再开具金额相同的发票。开具方开具红字发票验旧核销按照本通知第四条要求办理。

看来，仅就丢失发票一事，纳税人就有诸多的处理方式，这也是政策不明确之下税务机关操作成本的差异，纳税人的税务管理成本也同样存在差异。

ENTERPRISE
INCOME TAX

Difficult and Complicated Issues

第 3 章

资产类调整项目

资产，是一种资本性的支出，在所得税的处理上需要遵照受益期进行分期扣除，因此对于资本化的认定标准到底是资产还是费用，就有争议了；对于折旧或摊销年限应该按几年（月）也是存在争议的；对于税会差异也存在争议；对于方法调整是否允许，对于税收优惠如何判定等，都面临着各种可能的理解。那么，如何来识别这些纷扰的事项呢？

3.1 固定资产

什么是固定资产？比如，有的企业一次性将单价 4 000 元的物品全部作为低耗品入费用，是否违背了固定资产分期受益摊销的规定？使用的单价 500 元的电话机，预计要使用好几年，是不是先要作为固定资产？现实当中这些情形倍有争议。

对于会计上的固定资产认定，每个企业一般都有一个价值标准，如 800 元、2 000 元等，但税法上没有对此约定量化标准：

固定资产，是指企业为生产产品、提供劳务、出租或者经营管理而持有的、使用时间超过 12 个月的非货币性资产，包括房屋、建筑物、机器、机械、运输工具以及其他与生产经营活动有关的设备、器具、工具等。

所以，从理论上讲，税务机关可以据此对企业的一次性确认进行固定资产的涉税调整。但是，有的人认为，现在特定行业，以及对于 5 000 元以下适用全部行业的固定资产，不是允许一次性税前扣除了吗？这样不是解决此问题了吗？注意，如果按照征管的备案、资料准备要求，也必须履行上述程序。会计上一次性扣除不受限制，但是税收上必须按照认定固定资产加速折旧的优惠政策进行推进。所以这个理解仍不是完全“解放”的，要看税务机关如何来限制这种情形，如企业没有做加速折旧数据备案处理，就一次性扣除，税务机关是可以不认可的。

3.1.1 机器设备与电子设备的区别

随着信息化的推进，机器设备更多地体现为电子驱动的方式。机器设备与电子设备，前者最低折旧年限是10年，后者最低折旧年限是3年，如何确定一项资产的折旧年限呢？这个争议在稽查中经常出现。

比如某通讯基站，其使用的降温空调属于机器设备、电子设备，还是办公设备类？从实际情形来分析，由于其本身仅是配套使用的设备，并不具有生产功能、传输功能，因此认定为不属于机器设备。那应该属于电子设备还是办公类设备呢？这又有争议。从电子设备的描述来看，根据《中华人民共和国企业所得税法实施条例释义》，电子设备，是指由集成电路、晶体管、电子管等电子元器件组成，应用电子技术（包括软件）发挥作用的设备，包括电子计算机以及由电子计算机控制的机器人、数控或者程控系统等。因此，将该降温空调认定为属于折旧期为5年的“与生产经营活动有关的器具、工具、家具等”更合适一些。

3.1.2 折旧年限的调整

有的企业，特别是上市公司，为了要利润，经常调整固定资产折旧年限，从而“创造”利润。税法上难道不认可吗？且来看相关的分析。

与企业所得税法实施条例中对于“净残值一经确定，不得变更”

的规定不一样，纳税人的折旧年限调整在税法上没有特别予以禁止。《国家税务总局关于企业所得税若干税务事项衔接问题的通知》（国税函〔2009〕98 号）规定，新税法实施之际，允许纳税人按照新税法的最低折旧年限与净残值进行调整。

如在不低于税法规定的最低折旧年限的情形下，企业调整折旧年限，我们认为应得到认可，不属于受限之列，这是纳税人的一项权利。至于是否需要一些备案的手续，企业所得税法没有特别的程序规定。如果当地的税务机关真有明示性的备案等程序要求，从其规定。

3.1.3 混类固定资产的折旧摊销年限如何处理

比如一幢房屋，有电梯、土地，但是其实际使用年限并不一样，此时是否要强制拆分出来分别适用最低折旧或摊销年限处理呢？

一个现实的操作方式是，如果按照会计准则，土地是分开核算的，则土地按相应的年限进行摊销；如果分不清，则应该按 20 年的最低折旧年限进行处理，因为当初购置房屋的时候，往往是以房子的载体来体现的，并没有单独购置土地建设的过程。

3.1.4 税法最低折旧年限与会计折旧年限的关系

如果会计年限大于税法最低折旧年限，是不能做纳税调减的，对于这个争议估计之前有企业已经这样做了。现在，《国家税务总局关于企业所得税应纳税所得额若干问题的公告》（国家税务总局公告 2014 年第 29 号）已明确：企业固定资产会计折旧年限如果长于税法规定的最低折旧年限，其折旧应按会计折旧年限计算扣除，税法另有规定除外。

但是加速折旧年限呢？如果会计上不选择加速折旧政策，税法上认可吗？依照《国家税务总局关于固定资产加速折旧税收政策有关问题的公告》（国家税务总局公告 2014 年第 64 号）的加速折旧的规定，这是可以的，即认可纳税人选择税务上的纳税调整政策，不管会计上是否选择加速折旧。

由此形成了这样一种情形：虽然总的折旧额是相同的，但税法上采取加速折旧，折旧越来越少的计提方式。不过这也只是时间性的一个差异影响政策。

从上市公司的公告来看，鲜有企业进行加速折旧的处理，因为这会影响到他们的利润指标，如《贵州茅台关于研发仪器、设备等固定资产加速折旧的公告》，就选择了与会计上相同的处理，这样省却了纳税调整的烦恼。

3.1.5　税法上采用加速折旧有何好处，是否影响利润表

我们先来看一个案例：

［案例］　2014 年至 2023 年递延所得税负债余额计算如表 3-1 所示（单位：万元）：

表 3-1

2014—2023 年递延所得税负债余额计算

项目	2014 年	2015 年	2016 年	……	2023 年
实际成本（a）	100	100	100	……	100
累计会计折旧（b）	10	20	30	……	100

续表

项目	2014 年	2015 年	2016 年	……	2023 年
账面价值（c=a−b）	90	80	70	……	0
累计计税折旧（d）	100	100	100	……	100
计税基础（e=a−d）	0	0	0	……	0
暂时性差异（f=c−e）	90	80	70	……	0
适用税率（25%）	25%	25%	25%	……	25%
递延所得税负债余额（f×25%）	22.5	20	17.5	……	0

由于税务上一次性计入成本费用，固定资产的账面价值与计税基础出现了暂时性差异，直到 2023 年为止。2014 年递延所得税负债余额 22.5 万元，意味着 2014 年将“少缴”企业所得税 22.5 万元，而这“少缴”的 22.5 万元企业所得税，会在 2015 年至 2023 年每年“补缴”2.5 万元。

如 2014 年度利润总额是 1 000 万元，所得税费用是 250（即 1 000×25%）万元，除上述事项外，没有调整，则实际计算的所得税是：(1 000−90)×25%=227.50（万元），会计分录如下（单位：万元）：

借：所得税费用　250

　贷：应交税费——应交所得税　227.50

　　　递延所得税负债　22.50

如果 2015 年仍是上述利润总额 1 000 万元，应交所得税为：(1 000+10)×25%=252.50（万元），则会计分录如下（单位：万元）：

借：所得税费用　250

　　递延所得税负债　2.50

　贷：应交税费——应交所得税　252.50

由上述案例可见，执行固定资产加速折旧政策，利润表是没有变化的，但企业所得税延迟缴纳，相当于税务机关给予企业一笔无息贷款，何乐而不为？

3.1.6 简易房的折旧年限如何确定

大多数建筑公司往往有除正常房屋建筑物之外的简易设施或附属设施，这部分附属设施企业通常是按如 8 年、10 年进行折旧，达不到税法规定的房屋建筑物最低折旧年限 20 年的标准，是否必然要做纳税调增呢？

税法释义在解释房屋建筑物时，是指供生产、经营使用和为职工生活、福利服务的房屋、建筑物及其附属设施，其中房屋，包括厂房、营业用房、办公用房、库房、住宿用房、食堂及其他房屋等；建筑物，包括塔、池、槽、井、架、棚（不包括临时工棚、车棚等简易设施）、场、路、桥、平台、码头、船坞、涵洞、加油站以及独立于房屋和机器设备之外的管道、烟囱、围墙等；房屋、建筑物的附属设施，是指同房屋、建筑物不可分割的、不单独计算价值的配套设施，包括房屋、建筑物内的通气、通水、通油管道，通信、输电线路，电梯，卫生设备等。

从理论上看，简易房或附属设施，如果具有单独的造价，具有可分割性，似乎可以脱离最低折旧年限的限制。同时考虑经济性原则，合理的寿命按 8 年或 10 年确定是合理的，因此这种处理结合建筑部门发布的相关不同类型建筑物、构筑物的使用年限的指导意见，不做纳税调增具有解释空间。已失效的国税函〔2007〕610 号[1]文件对通信

[1] 国税函〔2007〕610 号，即《国家税务总局关于从事通信业务的外商投资企业缴纳企业所得税有关问题的通知》，在新所得税法下已失效。

铁塔、管道、简易房屋、活动房屋等固定资产折旧问题规定：通信企业用于收发信号的综合通信铁塔、存放通信光缆设备的管道、存放通信基站设施的简易房屋等固定资产，是通信设备不可分割的组成部分，可以统一作为通信设施固定资产，按照实施细则第三十五条规定的10年期限计提折旧。这一原则我们认为可以作为一种尊重实际情形的理解，如果强求按20年的折旧期，与行业的指导确实存在差距。

3.1.7 固定资产的后续支出

企业会计准则对于固定资产的更新改造等后续支出，满足确认条件的，应当计入固定资产成本，如有被替换的部分，应扣除其账面价值；不满足确认条件的固定资产修理费用等，应当在发生时计入当期损益。

企业所得税法并没有遵循会计准则原则性的规定，税法上将固定资产后续支出区分为固定资产改建支出与固定资产大修理支出。固定资产改建支出，是指改变房屋或者建筑物结构、延长使用年限等发生的支出。对已足额提取折旧的固定资产的改建支出，按照固定资产预计尚可使用年限分期摊销；对租入固定资产的改建支出，按照合同约定的剩余租赁期限分期摊销；对未足额提取折旧的，应增加固定资产原值，并适当根据情形调整折旧期限。

《国家税务总局关于企业所得税若干问题的公告》（国家税务总局公告2011年第34号）细化了改建支出的特定情形的处理，如属于推倒重建的，应并入重置后的固定资产计税成本，并在该固定资产投入使用后的次月起，按照税法规定的折旧年限，一并计提折旧；如属于提升功能、增加面积的，该固定资产的改扩建支出，应并入该固定资产计税基础，并从改扩建完工投入使用后的次月起，重新按税法规定的该固定资产折旧年限计提折旧，如该改扩建后的固定资产尚可使用的年限低于税法规定的最低年限，可以按尚可使用的年限计提折旧。但是我们理解，推倒重建还是要考虑非同一属性的不动产性质，如推倒后重新修建为草坪，就不应简单地认为是原值的延续折旧处理。

固定资产大修理支出是指修理支出达到取得固定资产时的计税基础50%以上；修理后固定资产的使用年限延长2年以上。由此看来，固定资产大修理支出的认定标准相对较高，大修理支出应作为长期待摊费用，按尚可使用年限分期摊销。一般情形下的支出可以列为收益性支出。

3.1.8 固定资产加速折旧的特殊事项说明

自2014年度始，固定资产加速折旧的优惠进一步提速，但是对于一些没有予以明确的细节问题，国家税务总局或地方税务机关相继进行了一些解释，我们可以好好地认识一下，省得走入误区（见表3-2）。

表3-2

固定资产加速折旧的特殊事项说明

事项	描述	备注
何谓“新购进”	这里“新购进”中的“新”字，只是区别于原已购进的固定资产，不是规定非要购进全新的固定资产，即包括企业2014年以后购进的已使用过的固定资产。 固定资产的取得包括外购、自行建造、投资者投入、融资租入等多种方式。公告明确的“购进”是指：以货币购进的固定资产和自行建造的固定资产。考虑到自行建造固定资产所使用的材料实际也是购入的，因此把自行建造的固定资产也看作是“购进”的	投资者投入、融资租入皆不算新购进，不得享受加速折旧政策。二手设备的采购价值并不是转让方的采购价格，是二手设备的交易价格

续表

事项	描述	备注
抵扣的增值税进项税额的影响	如果抵扣了进项税额，就按抵扣后的金额看固定资产的价值。反之，如果不能抵扣，就只能按含进项税额的金额确认固定资产的价值。即看形成的会计结果如何。这一点不需要过多纠结	不是永远以价税合计的口径来理解
部分加速折旧，部分未加速折旧	没有限制必须全部都得享受加速折旧政策，比如 2014 年度没有享受，并不限制 2015 年度享受	
季或月度预缴时纳税调整	依照当下的填表说明，预缴时只做纳税调减，没有要求进行纳税调增转回，一是这个政策刚开始执行，还未大规模加速折旧，二是国家本来就是鼓励这种政策，纳税人得到资金价值的优惠就行了	
研发费用加计扣除	如税务处理上采用了加速折旧政策，则加计扣除时只允许采用会计上的金额进行加计，这不又跟税前扣除脱节了吗？加计的基数根本对不上，但是政策就是这样规定的	加计扣除的基数在实践当中应以税务口径为准，但现实当中多直接用会计数据
加速折旧年限的基数年如何理解	年限总和法和双倍速余额递减法就以会计上的年限（大于最低折旧年限）或最低折旧年限（大于会计折旧年限），或加速折旧年限的 60%计算的，规定最低折旧年限不得低于企业所得税法实施条例第六十条规定的折旧年限的 60%，与会计年限无关	
已使用设备最低折旧年限	企业购置已使用过的固定资产，其最低折旧年限不得低于实施条例规定的最低折旧年限减去已使用年限后剩余年限的 60%。最低折旧年限一经确定，一般不得变更。	比如电子设备最低折旧年限为 3 年，企业用了 4 年，再 100 元买进来，这如何算？是否直接费用化？有这种歪理待讨论
一次性扣除的固定资产起始月份	企业应当自固定资产投入使用月份的次月起计算折旧；停止使用的固定资产，应当自停止使用月份的次月起停止计算折旧。但是一次性扣除的固定资产，则可以在购置当月一次性扣除，相当于错位了一个月的调整数据	如果有的企业就是次月算一次性扣除，也未尝不可

续表

事项	描述	备注
一次性扣除后改变用途或变卖的固定资产	购入时用于研发符合一次性扣除的条件，但后续改变用途或变卖，当下缺少细致性的规定，似乎有征管的漏洞。2015年11月国家税务总局所得税司在线答疑时说明研发后变卖的不必追溯调整，但改变用途的，可能有的同志不予认可，企业当时确实用于研发，让企业必须一直用于研发才认可，似乎更易造假	

3.1.9 公允价值计量的投资性房地产

对于房地产企业来讲，其房屋不应计提折旧，因是作为存货管理的。但是对于一般的企业，因为2007年新会计准则的表达修订，所得税的政策相应发生了变化，特别是从2011年国家税务总局的15号公告颁布以来，对于投资性房地产折旧能否扣除，倍存争议。

比如银行取得了抵债的房地产，其本身也不使用，则此时其不作折旧扣除，似乎也是说得过去的。但是如果对于企业是用于出租的房地产，有所得税的收入，还不允许折旧扣除，似乎又与收益性原则一致。

当然有的企业叫投资性房地产，却不按公允价值计量，而是按历史价值计量，同时也计提折旧，此时就得到了扣除。同一个会计处理产生两种扣除结果，政策本身就易产生逻辑性的冲突。不过，对于按实际成本计量的投资性房地产的折旧，有的企业在做纳税申报时，并未将此部分并入固定资产中进行填写，其实在税法上没有投资性房地产，如果仍按历史成本计量，则还是税法上的固定资产的范围。

3.1.10 计提过减值准备的固定资产的折旧

首先我们来看一下会计上的处理，《企业会计准则第 4 号——固定资产》规定：折旧，是指在固定资产使用寿命内，按照确定的方法对应计折旧额进行系统分摊。应计折旧额，是指应当计提折旧的固定资产的原价扣除其预计净残值后的金额。已计提减值准备的固定资产，还应当扣除已计提的固定资产减值准备累计金额。

再来看看税收法规的明确，《国家税务总局关于企业所得税应纳税所得额若干问题的公告》（国家税务总局公告 2014 年第 29 号）规定：

五、固定资产折旧的企业所得税处理

（三）企业按会计规定提取的固定资产减值准备，不得税前扣除，其折旧仍按税法确定的固定资产计税基础计算扣除。

原来我们好多同志在公告发布之前，即 2013 年度（不含）之前，很多计提过减值准备的固定资产，折旧是按会计上扣除减值之后计算，且汇算清缴中也是按此计算扣除的，并没有做纳税调减处理，最后也就作为资产损失或变卖时扣除的计税基础来处理了，这在理论上是不对的，但现实当中也就这样处理了。当下我们可以大大方方地做纳税调减，因为法规规定得很清楚，是你的权利就放心地用吧，估计不会有人看不懂这句话了吧。

3.2 无形资产

无形资产涉及计量标准及摊销年限，还有加速摊销的处理。比如软件，如果按最低2年摊销，则需要进行备案管理，但此时如果企业会计上采用的是5年的摊销期，则此时以5年计量为好。

3.2.1 软件的加速摊销

比如有的企业在向税务机关办理软件加速摊销的备案时，税务机关提出如下要求：（1）必须在购买软件之后一个月内办理备案；（2）必须取得增值税专用发票。现实当中，是否在一个月之内，解释为是比照固定资产加速折旧的处理。但在没有明确的文件规定之前，理论上只要在汇算清缴前办理应该就可以。这显然只代表一家之言。同时，是否必须取得增值税专用发票，也存有争议。如果纳税人购买OFFICE软件，就很有可能取得普通发票，因为没有抵扣的需要。当然，如果是委托第三方订制开发的，著作权归委托方，此时对方是营业税纳税人（在营改增试点之前），委托方取得的就是营业税发票，如果在营改增试点之后，就需要取得增值税发票，但不应以取得专用发票作为备案必须要件。

根据《国家税务总局关于发布〈企业所得税优惠政策事项办理办法〉的公告》（国家税务总局公告2015年第76号）的规定，软件加速摊销不履行备案手续，是一个新的变化方向。

会计上考虑在可供使用时进行摊销，税法上可参照会计上的起始日，相比于固定资产的明确起始日，无形资产从使用当月开始摊销。如果属于开办期内的使用，现实中接触的事项也要求进行摊销，只是计入了递延资产或在建工程的成本。

3.2.2 没有使用年限的无形资产的税前扣除

还有一种无形资产，没有使用年限，会计上不摊销，税法上能否按不低于10年进行摊销处理呢？从受益性原则看，个人理解是可以的。如果电脑当中有软件，则相应的软件没有单独计量，此时个人建议是依固定资产的折旧年限进行处理，千万不要再联想到公允价值计量的投资性房地产的折旧上去。

3.2.3 开始摊销的起始月份

税法上没有规定必须像固定资产一样从次月开始计提摊销，因此大多从使用当月会计上就开始摊销了，只是时间性的差异。大家没有必要在这个问题上纠结。《企业会计准则第6号——无形资产》规定，企业摊销无形资产，应当自无形资产可供使用时起，至不再作为无形资产确认时止。

3.2.4 计提过减值准备的无形资产的摊销

此项处理，我们可以直接借鉴国家税务总局2014年第29号公告中固定资产减值准备后折旧的处理，这种情形还是比较多的。

3.2.5 不再使用的无形资产能否继续摊销

《企业所得税法》规定，房屋、建筑物以外未投入使用的固定资产，不得计算折旧扣除。《企业所得税法实施条例》第五十九条进一步规定，固定资产按照直线法计算的折旧，准予扣除。企业应当自固定资产投入使用月份的次月起计算折旧；停止使用的固定资产，应当自停止使用月份的次月起停止计算折旧。

对于无形资产，下列情形不得计算摊销费用扣除：（1）自行开发的支出已在计算应纳税所得额时扣除的无形资产；(2) 自创商誉；(3) 与经营活动无关的无形资产；(4) 其他不得计算摊销费用扣除的无形资产。

我们理解：房屋、建筑物不管用不用，折旧是必须损耗的；除此以外的固定资产，如未投入使用，不得计提折旧。但是要恰当了解未投入使用的概念，比如，对于季节性和大修理期间的固定资产，参照旧法的处理，都是允许计提折旧扣除的。

对于停止使用的无形资产，当下可没有明确是否可以借鉴房屋、建筑物一样继续摊销。个人理解，技术都是有一样属性的，土地也是有年限的，因此继续摊销税前扣除有其合理性。

3.2.6 商誉的产生及处理

《企业所得税法》规定，自创商誉是不得税前扣除摊销的。那么这个商誉是什么东西呢？是不是看到了都不允许税前扣除呢？且先来看看会计中的情形：

[案例] 2009 年 1 月 1 日，A 公司取得 B 公司的长期股权投资，采用权益法核算，占 B 公司可辨认净资产公允价值的份额为：4 000×25%=1 000（万元），确认长期股权投资成本为 1 100 万元，其中包括商誉 100 万元。

这里的商誉是投资成本的一部分，构成了投资成本的计税基础，所以这个是好理解的。如果在会计报表中找到“商誉”两个字，因是合并产生的，如控股合并，商誉就体现在合并报表中，因为抵销投资与对方净资产产生的差异要找个位置确定，这个商誉与所得税没有关系，因为我们基本上是不以合并报表的主体来计算缴纳企业所得税的。至于自创的商誉，那更不认可了，因为该花的费用都花了，税前已经扣除，没有买卖，其价值就无法体现，在所得税的计量上，即没有产生收入，相应地，也不会有成本的产生。

3.3 长期待摊费用

长期待摊费用分为多种情形，比如一次性支付了两年的广告费、租入房屋的装修费用，大修理的支出，这些往往是长期待摊费用的关注点。不过，如果真要计较起来，我们交纳的车船费、保险费、订阅的报纸费、订的桶装水、预存的水电费、物业费等，这些如果涉及跨年的，也是可以严格要求作为摊销管理的。但是现实当中，由于上述费用是持续发生的，调整也没有意义，所以就是第一年国家财政吃一点儿亏，之后就连续了，大家也都理解并认为不是关注的重点，由此我们还是找到重点，而不一定像学究一样去探讨 3.141 592 6 后一共多少位数字一样严谨。

3.3.1 装修费用的不同处理

对于装修支出，如果是自建的房屋投入使用前发生的，则原则上应计入固定资产原值。当然这是增加房产税计算基数的（以房产原值计算的情形）。如果是后续发生的装修支出，则要分析是否达到改建支出的条件，未达到的，可以按照长期待摊费用的规定摊销；达到改建条件的，则增加固定资产的计税基础。

租入固定资产的装修支出，在不同层级税务机关给出的回复意见中，可以看出倾向于认可三年的情形比较多。至于认为装修支出是改建支出，或者是大修理支出（通常应属于设备类的支出，我们理解房屋应该不能直接引用大修理支出的规定），我们理解都未尽恰当。当然现实当中确实存在装修支出与改建支出的界线混乱，是看金额还是看与房屋原值的比例，都易引起企业与税务机关主观认识上的争议。

对于二次装修的情形，如若之前的装修摊销余额未摊销完毕，是否可以一次性计入当期费用，一种观点认为要继续按原来的年限摊销至完毕。而对于某些按年进行签订的租赁合同，要结合实际情形，如果续签的可能性大，则建议还是采取最低三年期间的摊销年限处理。

现实当中，对于装修，特别是租入固定资产的时候，将其作为改建支出[1]，谁租入的房产投入这么大的本钱呢？所以小编不是很认可这样的判断思路，至于处理结果，可能都是合同约定的剩余租赁期，但是定性上还是有所差异的。

表3-3为各地的一些参照规定的样本（摘自网络资料）：

表 3-3

各地关于装修费用处理的规定

来源	问题	意见或规定
国家税务总局网上问答	租入店铺的首次装修费用如何进行摊销？	企业以经营租赁方式租入固定资产，对固定资产的初次整体装修支出，凡符合《企业所得税法》第十三条规定的，可以作为长期待摊费用支出，分三年摊销。 今后发生的装修支出，可以根据《企业所得税法》第八条及其实施条例第三十三条的规定，作为当期费用一次性在企业所得税前扣除。

[1] 改建支出，是指改变房屋或者建筑物结构、延长使用年限等发生的支出。

续表

来源	问题	意见或规定
青岛市地方税务局	企业外购房屋的装修费用在企业所得税方面如何进行处理?	企业固定资产的计税基础应当根据《企业所得税法实施条例》第五十八条的规定确定。装修费用不符合固定资产计税基础条件的，可作为长期待摊费用按税法规定处理。 根据《国家税务总局关于贯彻落实中华人民共和国企业所得税法若干税收问题的通知》（国税函〔2010〕79号）第五条，企业固定资产投入使用后，由于工程款项尚未结清未取得全额发票的，可暂按合同规定的金额计入固定资产计税基础计提折旧，待发票取得后进行调整。但该项调整应在固定资产投入使用后12个月内进行。
青岛市国家税务局	租入店铺的装修费用如何进行摊销?	企业以经营租赁方式租入固定资产，对固定资产的整体装修支出，凡符合《企业所得税法》第十三条规定的，应作为长期待摊费用支出，分三年摊销。对提前解除租赁合同后尚未税前扣除的装修费，可在当年一次性税前扣除。
宁波市地方税务局关于明确所得税有关问题解答口径的函	企业承租房屋发生的装修费在剩余的租赁期届满前需要重新装修，是否可以在装修当年，将尚未摊销的装修费用一次性计入当前损益并在税前扣除?	《企业所得税法》第十三条规定，在计算应纳税所得额时，企业发生的租入固定资产的改建支出作为长期待摊费用，按照规定摊销的，准予扣除。 《企业所得税法实施条例》第六十八条规定，固定资产的改建支出，是指改变房屋或者建筑物结构、延长使用年限等发生的支出。租入固定资产的改建支出按照合同约定的剩余租赁期限分期摊销。 因此，企业在原有的租赁合同期内重新装修，不能在此次装修当年将尚未摊销的装修费用一次性计入当前损益并在税前扣除。因为有可能存在第二次装修只是在原有装修基础上部分改造等情况，如第一次装修已经铺设好的地下管道和墙上暗线等，第二次装修很可能不需要再次变动。
天津保税区国家税务局	装修费税前扣除问题	企业对房屋、建筑物进行装修发生的支出，应作为长期待摊费用，自支出发生月份的次月起，分期摊销，摊销年限不得低于3年。若实际使用年限少于3年，凭相关合法凭证按照实际使用年限摊销。
浙江国家税务局	企业固定资产装修费用如何进行摊销?	新税法规定，固定资产修理支出，在当期直接扣除；大修理支出应作为长期待摊费用在资产尚可使用年限分期摊销。原有固定资产装修，符合大修理支出条件，按大修理规定处理；新购固定资产装修应计入固定资产原值。

对摊销年限有了一致认识之后，还有一个情形，上表也有提到，装修2年，计划摊销3年，此时领导要变更办公场所，余下的一年还没有摊销完，对此基本上大家也是认可依照会计的处理，一次性计入成本费用。这种东西算不算资产损失呢，你说它属于资产负债表中的损失没有错，但是它还真不一定属于我们要申报损失的资产，但是有的人就纠结了，如何办？建议的处理方式是根据会计处理，因为它就是一项摊销费用，不是一项真正意义的摊销资产，不过有的同志可能将一些办公桌椅、工艺品、家电都放在装修费用中，使自己也分不清，所以还是要回归本身的属性来处理。

3.3.2 长期待摊费用的摊销时间

《企业所得税法实施条例》对于其他长期待摊费用规定自支出发生月份的次月起，分期摊销，摊销年限不得低于3年。这里引用了“次月”，所以有可能我们会计上对于装修等这类费用当月就摊销了，其实税法规定是次月，有可能存在大的调整影响额。

3.4 资产损失

关于资产损失，当下是分为清单申报与专项申报两个口径进行处理的。其中涉及如下的事项需要进行关注：

3.4.1 损失发生年度

企业发生的实际资产损失，应当在其实际发生且会计上已作损失处理的年度申报扣除；法定资产损失，应当在企业向主管税务机关提供证据资料证明该项资产已符合法定资产损失确认条件，且会计上已在损失处理的年度申报扣除。

比如会计上进行了处理，但是实际损失没有处置，而在次年度进行了处置，那么如何确定损失发生年度呢？从理论上看，会计处理的年度不应作为损失的发生年度，必须在实际发生的年度确认损失，会计处理与损失年度同时触发的条件是在次年度。有的地方税务机关按照暂估损失（如净值5%作为变现收入）确认，实际是不符合税法规定的操作原则的。

当然有时可能会计处理没有发生，或只是冲减减值准备处理，此时的会计处理也是视同损失形成的会计处理，只是没有进入常规的营业外支出等情形。

3.4.2 会计损失还是税收损失

有的已经计提减值准备的资产发生损失，此时减值准备的部分，是在准备金中调整还是在损失项下调整，有些人对此意见不一。损失其实就是税收上的损失，是要进行申报处理的，所以既然是损失进行申报，税收金额就应包含准备金在内。

资产损失的金额是以资产的计税基础而非会计上的净值作为基准进行计算的，但国家税务总局2011年第25号公告条款中的如下规定，其实很容易带来误解：

第二十七条　存货报废、毁损或变质损失，为其计税成本扣除残值及责任人赔偿后的余额。

第二十八条　存货被盗损失，为其计税成本扣除保险理赔以及责任人赔偿后的余额。

第二十九条　固定资产盘亏、丢失损失，为其账面净值扣除责任人赔偿后的余额。

第三十条　固定资产报废、毁损损失，为其账面净值扣除残值和责任人赔偿后的余额。

第三十一条　固定资产被盗损失，为其账面净值扣除责任人赔偿后的余额。

第三十二条　在建工程停建、报废损失，为其工程项目投资账面价值扣除残值后的余额。

第三十四条　生产性生物资产盘亏损失，为其账面净值扣除责任人赔偿后的余额。

第三十七条　企业由于未能按期赎回抵押资产，使抵押资产被拍卖或变卖，其账面净值大于变卖价值的差额，可认定为资产损失。

从税法适用的以历史成本作为计税成本来分析，上述表述的内容，理解上仍全部定性为计税基础，因此涉及固定资产、在建工程、生产性生物资产及抵押资产等的损失，不是简单套用会计上的账面净值，在发生会计上计提减值准备、税务与会计对折旧的政策适用不一致时，就必须分析其适用性，并按税法上的规定认定其损失的价值基础。

3.4.3 债务重组损失

对于应收及预付款项坏账损失，如果发生债务重组，应有债务重组协议及其债务人重组收益纳税情况说明，这一规定显然增加了发生损失一方对于获得收益一方的牵制，因此在签订债务重组协议时，建议不妨加上这一条款，以更好地满足税务机关规定的申报条件。不然，此条件在实践当中会在协助上遇到困难。

债务人重组收益并不代表债务人一定就此笔款项进行缴税，只要能够证明其作为应税所得进行合并，最后可能因亏损未实际缴纳所得税，也属于已对收益进行处理。同样，债务人不一定以汇算清缴的数据作为唯一提供的资料，日常预缴所得税也可以就其作为应税收入的申报表进行举证。

债务人重组收益的举证要求，未规定在债权投资的事项中，在此需分类进行针对性适用。

3.4.4 搬迁损失的处理

《国家税务总局关于发布〈企业政策性搬迁所得税管理办法〉的公告》（国家税务总局公告 2012 年第 40 号）规定，对于政策性搬迁过程中企业由于搬迁而报废的资产，如无转让价值，其净值作为企业的资产处置支出。由于国家税务总局 2012 年第 40 号公告并未要求搬迁支出处理作为损失发生当年度的税前扣除事项，因此理解上是搬迁收入减去搬迁支出后计算最终是否存在搬迁损失。这种情形应不属于国家税务总局 2011 年第 25 号公告进行申报扣除的事项，一并在搬迁完成年度提交《企业政策性搬迁清算损益表》。

3.4.5 已计提存货跌价准备的存货在领用时如何处理

已计提存货跌价准备的存货，在发生价值回升转回时，如果是合并冲减的资产减值损失，年末一并处理会体现出调减的结果。但是，如果当年度直接领用，则不能体现最终调减的结果。

[案例] 某企业存货采购金额100万元，2011年计提存货跌价准备10万元，2012年度生产直接领用，试分析2012年度如何进行纳税调整。

上述的跌价准备10万元，在2011年度做纳税调增处理，2012年度的会计处理为（单位：万元）：

借：生产成本	90
存货跌价准备	10
贷：存货	100

则上述的存货跌价准备不能通过资产减值损失的损益科目转回，但在申报填写时，仍应继续在存货项下填写转回10万元或以其他方式处理，这样才能真正体现税前扣除100万元。

3.4.6 正常销售非货币性资产等损失的清单申报的处理

关于销售过程中形成的某一货物的损失，或者证券公司等买卖债券形成的损失等，如何进行申报，有的税务机关要求必须进行清单申报。但是对于企业来讲，这是正常经营的毛利为负的情形，并不是损失的概念，是变卖产生的亏损，如果也要做损失处理，似乎税法管得有点多了。但是我们又不得不考虑这样一个政策实践的影响：到底是按某一笔还是按年度一起计算，似乎我们可以选择不进行申报处理，也可以简单起见，让纳税人按某一类的年度来计算。

比如上海浦东国税的一个问答：

问：企业按照公允价值销售、转让产成品、库存商品等存货发生的存货损失，以及通过证券市场买卖股票发生的股权投资损失，如何进行清单申报？

答：《国家税务总局关于发布〈企业资产损失所得税税前扣除管理办法〉的公告》（国家税务总局公告2011年第25号）第九条规定：企业在正常经营管理活动中，按照公允价格销售、转让、变卖非货币资产的损失，应以清单申报的方式向税务机关申报扣除；企业按照市场公平交易原则，通过各种交易场所、市场等买卖债券、股票、期货、基金以及金融衍生产品等发生的损失，应以清单申报的方式向税务机关申报扣除。

依据企业会计核算对存货资产的账户分类（如生产企业的原材料、在产品、产成品等账户分类；商品零售企业的库存商品等账户分类）原则，企业在2014年年度内，某一类存货按照公允价值销售、转让发生年度净损失的，应向主管税务机关进行存货损失清单申报扣除。

企业按照市场公平交易原则通过证券市场或债券市场买卖股票、债券、外汇，在2013年年度内，发生股票买卖净损失、债券买卖净损失或外汇买卖净损失的，应向主管税务机关进行股票买卖损失或债券买卖损失清单申报扣除。

3.4.7　损失的盈亏互抵问题

现在，比如年末盘点存货时，企业发现A型号产品少了一个，B型号产品多了一个，价格正好相等，都是100元，企业账面上互相抵消，营业外支出或管理费用没有净发生额。此时如何做资产损失申报呢?

在税法上，损失就是少的，盈余就是多的，一个做盘盈处理，一个做盘亏处理，盘亏的就要做资产损失申报，但现实当中恐怕大多企业并不是这样理解的。所以，这其实是不合规的处理，如果发现可以明确地作为一个事项来说，那就补申请一下。

还有一种情形是当下的商业企业，因为准则改变，在运费较多时也将运费计入存货成本，而不是直接费用化，但是有的企业可能光顾着存货本身的价值了，没有想到还有运费的事，这都是要作为存货进行申报损失的，这样才是完整的。

3.4.8　境外损失的处理

境外损失当下还没有明确的规定，当然中国企业走出去亏的还挺多的，因为是刚开始嘛。这种损失，至少也是实际发生的，比如投资境外企业的投资损失，或者是在境外的分支机构的损失，理论上仍属中国税法的扣除监管，但是由于相关税法不明确，有时税务机关可能也怕担责任，可能不允许由境内主体扣除。但是企业确实发生了境外损失，只是在计算时，如果形成境外亏损，只能适用不同的年度用境外未来的盈利来弥补；如果境外关门停业，就只能转为境内纳税主体来承担了。

ENTERPRISE
INCOME TAX

Difficult and Complicated Issues

第 4 章

税收优惠政策

税收优惠政策肯定是纳税人优先关注的，因为涉及利益的享受问题，但是在现实当中我们可能面临着多种情形，需要关注的重点有很多，限于篇幅，我们摘录了如下几种情形来探讨。

4.1 软件企业享受“二免三减半”的起始时间

看到广东安居宝数码科技股份有限公司的公告（后附摘录），读来感觉有一点苦涩的味道，对于这个政策，理解中、执行中、稽查中，一个政策，非要搞得这么难理解吗？还是税法规定得不够清楚呢？

企业取得《软件企业认定证书》并不是从当年开始计算“二免三减半”，要看企业之前年度是否有税收上应纳税所得额为盈利的年度，如果有，对不起，从盈利年度算“二免三减半”；如果这个企业比较老，第一年的盈利已过去 5 年，软件企业税收优惠的这个政策就享受不到了。安居宝 2007 年度盈利，因此应从 2007 年度计算“二免三减半”。

现在有的主管税务机关图省事，往往直接按企业取得证书年度进行办理，如本案中的问题，这个责任谁来承担？看来应只有补税而无滞纳金才合理。

不过如果软件企业在年度结束后汇算清缴期内取得认定证书，该如何确认哪一年度的享受资格？实践中我们了解到，汇算清缴期内取得也认可其所属期的情形，理论上既然让企业追溯盈利年度，就应享受，不过相应指标是以满足税收优惠的条件为前提。

那么，软件企业如何考虑税收优惠的架构设置呢？目前来看，至少不宜用老公司来考虑，争取用新成立的机构，考虑第一年结束即申报软件企业认定，这样利益才能有最大利用空间。

公告

安居宝的公告内容（摘录）

《广东安居宝数码科技股份有限公司关于收到广州市国家税务局东区稽查局〈税务处理决定书〉的公告》的处理决定书内容：公司2007年为第一个获利年度，2008年取得《软件企业认定证书》，属于新办软件生产企业，公司申报2008年至2009年免征企业所得税，2010年至2012年减半征收企业所得税的税收优惠，经核查，公司2007年未取得《软件企业认定证书》，公司应从获利年度起计算的优惠期的剩余年限享受相应的定期减免优惠，即2008年免征企业所得税，2009年至2011年按照25%的法定税率减半征收企业所得税，公司造成少计2009年和2012年的应纳税所得额。

公司说明：

公司于2008年取得《软件企业认定证书》，并于2010年1月26日收到广州经济技术开发区国家税局出具的减、免税批准通知书（穗开国税减〔2010〕28号），同意公司自2008年1月1日起，第1年至第2年的经营所得免征企业所得税，第3年至第5年减半征收所得税。公司根据该通知书，申报了2008年至2009年免征企业所得税，2010年至2012年享受12.5%的所得税优惠税率（即自2008年度开始实施两免三减半企业所得税优惠政策）。

广州市国家税务局东区稽查局认为广州经济技术开发区国家税

局出具的减、免税批准通知书（穗开国税减〔2010〕28 号）与财税〔2008〕1 号文件第一条第（二）项、财税〔2012〕27 号文件第十七条、第二十一条规定不符，公司应从获利年度起计算的优惠期的剩余年限享受相应的定期减免优惠，即 2008 年免征企业所得税，2009 年至 2011 年按照 25%的法定税率减半征收企业所得税。导致公司需按减半征收的所得税税率 12.5%补缴 2009 年度已免征的企业所得税 6 806 552.75 元，按高新技术企业所得税税率 15%与当时减半征收的所得税税率 12.5%之差补缴 2012 年度企业所得税 2 400 053.54 元。

出现上述补税情形，主要是由于广州市国家税务局东区稽查局对穗开国税减〔2010〕28 号减、免税批准通知书做出纠正而造成，公司不存在主观偷漏税的情况。

4.2 对小型微利企业的政策误解之探讨

《中国税务报》的一篇文章《落实小型微利企业所得税优惠应避免的误区》中提及以下案例，大家可以看看容易引起误解的地方，作者也是爱学习的人士，且共探讨之。

媒体

近日，笔者发现有些地方的税务机关宣传小型微利企业所得税优惠有一个很大误区，即将所得减按 50%计入应纳税所得额错误地理解为将应纳税所得额减按 50%。这影响了小型微利企业享受企业所得税优惠的程度。《财政部 国家税务总局关于小型微利企业所得税优惠政策的通知》（财税〔2015〕34 号）规定，自 2015 年 1 月 1 日至 2017 年 12 月 31 日，对年应纳税所得额低于 20 万元的小型微利企业，其所得减按50%计入应纳税所得额，按20%的税率缴纳企业所得税。

摘自：《落实小型微利企业所得税优惠应避免的误区》。

第三只眼注：先说说这个小型微利企业的优惠从何而来吧。

《企业所得税法》

第二十八条　符合条件的小型微利企业，减按20%的税率征收企业所得税。

《企业所得税法实施条例》

第九十二条　企业所得税法第二十八条第一款所称符合条件的小型微利企业，是指从事国家非限制和禁止行业，并符合下列条件的企业：（一）工业企业，年度应纳税所得额不超过30万元，从业人数不超过100人，资产总额不超过3 000万元；（二）其他企业，年度应纳税所得额不超过30万元，从业人数不超过80人，资产总额不超过1 000万元。

我们法规层面的突破，优惠持续增加，小步慢跑。

财税〔2009〕133号

自2010年1月1日至2010年12月31日，对年应纳税所得额低于3万元（含3万元）的小型微利企业，其所得减按50%计入应纳税所得额，按20%的税率缴纳企业所得税。

财税〔2011〕4号

自2011年1月1日至2011年12月31日，对年应纳税所得额低于3万元（含3万元）的小型微利企业，其所得减按50%计入应纳税所得额，按20%的税率缴纳企业所得税。

财税〔2011〕117号

自2012年1月1日至2015年12月31日，对年应纳税所得额低于6万元（含6万元）的小型微利企业，其所得减按50%计入应纳税所得额，按20%的税率缴纳企业所得税。

财税〔2014〕34号

自2014年1月1日至2016年12月31日，对年应纳税所得额低于10万元（含10万元）的小型微利企业，其所得减按50%计入应纳税所得额，按20%的税率缴纳企业所得税。

财税〔2015〕34号

自2015年1月1日至2017年12月31日，对年应纳税所得额低于20万元（含20万元）的小型微利企业。

财税〔2015〕99号

自2015年10月1日起至2017年12月31日，对年应纳税所得额在20万元到30万元（含30万元）之间的小型微利企业，其所得减按50%计入应纳税所得额，按20%的税率缴纳企业所得税（相同）。

媒体

在实际工作中，不少税务机关没有正确理解，将所得减按50%，错误地理解为应纳税所得额减按50%，造成小型微利企业少享受了企业所得税优惠。

摘自：《落实小型微利企业所得税优惠应避免地误区》。

第三只眼注：首先我们来看一系列的财税文件，说的是如果应纳税所得额<=20万元，那么所得减按50%。

企业每一纳税年度的收入总额，减除不征税收入、免税收入、各项扣除以及允许弥补的以前年度亏损后的余额，为应纳税所得额。首先所得额有“纳税调整后所得”“免税所得”“应纳税所得额”等，先从这个政策理一理：

（1）开始国家只认可小型微利企业符合条件的，减按20%计算所得税，实际上就是= 应纳税所得额×20%；

（2）再进一步，上面的优惠还不解渴，低于20万元（最近的标准）的，再打个五折，相当于= 应纳税所得额×50%×20%= 应纳税所得额×10%。

这是一个常规的逻辑得出的结果，为何这样说是对的呢，且看总局在文件当中的明确：

《国家税务总局关于企业所得税年度纳税申报口径问题的公告》（国家税务总公告2011年第29号）（虽然现在随着新申报表出来已作废，但只是填表的一个改变）：

关于符合条件的小型微利企业所得减免申报口径。根据《财政部国家税务总局关于小型微利企业有关企业所得税政策的通知》（财税〔2009〕133号）规定，对年应纳税所得额低于3万元（含3万元）的小型微利企业，其所得与15%计算的乘积，填报《国家税务总局关于印发〈中华人民共和国企业所得税年度纳税申报表〉的通知》（国税发

〔2008〕101号）附件1的附表五“税收优惠明细表”第34行“(一)符合条件的小型微利企业”。

相当于是应纳税所得额的25%减去上面的10%的差额部分，即“应纳税所得额×15%”填在所得税额减免中。这说明什么？说明人家的意思就是应纳税所得额的50%，是扣除减免税项目所得、弥补亏损后的余额的处理。不然这个逻辑根本就不存在，人家当时就是这样想与实践的，只是我们的解读可能与人家产生了差异。

所以，对于应纳税所得额与所得的关系，体现的是一种等于的关系，而不是如作者文章中的例子一样，我们可以看看下面的案例。

媒体

例1 甲为制造型居民企业，资产总额50万元，从业人数20人，从事非国家限制与禁止的行业，2014年度可弥补的亏损为2万元，2015年纳税调整后所得为20万元，按照错误的理解，将2015年纳税调整后所得20万元先弥补以前年度可以弥补的亏损2万元，再减按50%来计算。即该居民企业的应纳税所得额为：20－2＝18（万元），然后对应纳税所得额减按50%，按20%的税率缴纳企业所得税。即应纳税额为：18×50%×20%＝1.8（万元）。

正确的理解是，该公司应先将2015年纳税调整后所得20万元减按50%计算，即20×50%＝10（万元），再弥补以前年度可以弥补的亏损2万元，得出应纳税所得额8万元，则该公司的应纳税额＝8×20%＝1.6（万元）。

摘自：《落实小型微利企业所得税优惠应避免地误区》。

第三只眼理解：小编理解，不正确的处理方式反而是对的，如果只看“所得”，小编认为是不是可以看成毛利呢？或看成利润总额呢？因为如果只是因有弥补亏损，显然这里是所得的定义指定脱离了前面的设置条件的延续理解，相当于从两个视角来理解这句话了。

媒体

例2 甲居民企业，资产总额50万元，从业人数20人，从事非国家限制与禁止的行业，2015年度纳税调整后所得为30万元，其中涉及农业种植所得15万元。

按照错误的理解，则2015年度应纳税所得额为15万元，再将2015年度应纳税所得额15万元减按50％计算，按20％的税率缴纳企业所得税。即应纳税额＝15×50％×20％＝1.5（万元）。

正确的理解是，该公司应先将2015年纳税调整后所得30万元减按50％计算，即30×50％＝15（万元），再减涉及农业种植所得15万元，则2015年度应纳税所得额为0，企业不需要缴纳企业所得税。

摘自：《落实小型微利企业所得税优惠应避免的误区》。

第三只眼理解：这个的意思与上面的一样，也是两个口径理解的问题，很不幸，小编认为错误的是对的，这是为什么呢？想避税的是不是可以筹划一下呢？有可能变成真逃税！

4.3 对基金分红的筹划如何处理

1. 摘自百度文库的案例

媒体

5月13日我们推荐了高比例分红型全球视野股票型证券投资基金（340006），我公司淄博某机构客户于5月14日（权益登记日前一天）申购该基金510万元，买入价格按照5月14日基金公司公布的净值2.393 2元计。该基金于5月15日完成分红除权，每份红利0.686元，于5月16日发放。且该基金5月15日净值增长0.16%，5月15日基金公司公布的除权后基金净值为1.711 1元。该客户今日（5月16日）可以选择赎回该基金，并享受到本次的基金分红。假设基金净值5月16日保持不变，客户单次申购该基金510万元，节省税款37.3万元，客户现金流增加33.3万元。具体如表4-1所示：

表4-1

淄博某机构客户基金分红处理

项目	金额（元）	备注
总申购款	5 100 000	
净申购款	5 069 583	
申购费用	30 417	100万～1 000万元申购费率为0.6%
申购日基金净值	2 3932	
申购基金份额	2 118 328	
每份额分红	0.686 0	
红利所得	1 453 173	免税
赎回日基金净值	1.711 1	若5月16日赎回，且赎回基金净值与15日一致

续表

项目	金额（元）	备注
总赎回款	3 624 671	
赎回费用	18 123	持有不满一年赎回费0.5%
净赎回款	3 606 548	
投资损失	－1 493 452	抵税
客户节省税款	－373 363	设所得税税率为25%
客户现金流（净利润）增加	333 084	

2. 税务观点多样

其一，不予认可损失扣除，直接纳税调整，即可以免税（税法规定不征收的概念），但是损失不允许税前扣除；

其二，根据财税〔2008〕1号文件，对投资者从证券投资基金分配中取得的收入，暂不征收企业所得税。由此认为收入是不征税收入，因此想税前扣除损失，不行！

其三，只对超过投资成本多出来的部分，算作不征收企业所得税，这样金额将变得很小。

3. 我们的理解

首先还是把目光转向所得税法规，在释义中对于不征税收入的定义如下："不征税收入"是我国企业所得税法中新创设的一个概念，是指从企业所得税原理上讲应永久不列入征税范围的收入范畴。我国税法规定不征税收入，其主要目的是对非经营活动或非营利活动带来的经济利益流入从应税总收入中排除。目前，我国组织形式多样，除企业外，有的以半政府机构（比如事业单位）的形式存在，有的以公益慈善组织形式存在，还有其他复杂的社会团体和民办非企业单位等。这些机构严格讲是不以营利活动为目的的，其收入的形式主要靠财政拨款以及为承担行政性职能所收取的行政事业性收费等，对这类组织取得的非营利性收入征税没有实际意义。税法中规定的“不征税收入”概念，不属于税收优惠的范畴，这些收入不属于营利性活动带来的经济利益，是专门从事特定目的的收入，这些收入从企业所得税原理上讲应永久不列为征税范围的收入范畴。

针对此收入为不征税收入的观点，所得税法规对于不征税收入的规定情形，一是财政拨款性质，二是社保基金从证券市场取得的收益列为不征税收入。那么，依据财税〔2008〕1号文件，企业从市场交易中取得的分红，暂不征收企业所得税，就是不征税收入？小编认为不宜武断决定，一律不允许企业税前扣除损失，假若如此，有多少证券公司要调整呢？小编这里说的证券公司并不都是这样操作的，可能5月买入，7月确权分红，随后卖了基金产生损失，这种非刻意避税是不是都要调整呢？

小编理解，这是净值核算基金的一种特殊操作方式引起的，税法本身并没考虑得这么清楚。而对于货币市场基金，净值永远保持1元，就没有这种问题。净值核算的基金的一个问题是将投资成本中的一部分，转化到分红当中了，读者可能会问，投资成本允许分红吗？

根据基金管理规定，基金管理公司必须以现金形式分配至少90%的基金净收益，并且每年至少一次。净值中包括累计实现的收益，该企业投资实际上是花钱购买了基金面值与累计实现的收益，基金一分红，相当于将成本中的一部分又分回来转化成收益了。如某基金净值1.5元，购入1 000份，投资1 500元，赶上分红500元，企业计入投资收益，再转让投资损失形成500元。从这个道理上看，买入的收益暂不征税，也能得到认可，毕竟基金收益在全国的大盘子中享受到了整体的减免税优惠。如果企业又等了一年，净值是2元了，赎回收益是500元，这500元享受不到免税了；如果赎回时净值是1.4元，赎回损失100元，还允许扣除吗？注意这里核算上的损失，并不是真正的损失，整体还是盈利的（1 400－1 500＋500＝400）。

所以，简单地将损失不予认可，从投资企业的角度倒是能较合理地解释，即投资成本的回收不能享受税收优惠！

小编认为，从不征税的角度来理解，不是一个好的解决方案，而不予认可税前扣除损失，又不符合市场风险动作的结果，基金不能永远发财吧？但基金投资的特殊性，会计核算的特殊性，造成了理论上的核算损失，它不是拿着投资的1 500元从0开始投资，如果要达到征税的效果，小编建议用新的方法来讲道理，先让人家享受优惠，转让时再将分红的部分从成本中扣除！不过前提还是将财税〔2008〕1号文件的相应条款修订清楚，不然在当前的法规、会计处理之下，还真不宜将人家一棍子打下！

4.4 免税优惠下，非主营活动的所得是否都可以享受免税

当下我们知道软件企业如果认定之后，符合条件的可以享受“二免三减半”的税收优惠，《财政部 国家税务总局关于进一步鼓励软件产业和集成电路产业发展企业所得税政策的通知》（财税〔2012〕27

号）规定：

我国境内新办的集成电路设计企业和符合条件的软件企业，经认定后，在2017年12月31日前自获利年度起计算优惠期，第一年至第二年免征企业所得税，第三年至第五年按照25%的法定税率减半征收企业所得税，并享受至期满为止。

其中规定需符合的条件之一是：软件企业的软件产品开发销售（营业）收入占企业收入总额的比例一般不低于50%［嵌入式软件产品和信息系统集成产品开发销售（营业）收入占企业收入总额的比例不低于40%］，其中软件产品自主开发销售（营业）收入占企业收入总额的比例一般不低于40%［嵌入式软件产品和信息系统集成产品开发销售（营业）收入占企业收入总额的比例不低于30%］。

如果这个软件企业正好当年度变卖了一个股权，所得是100万元，软件收入是900万元，还是满足软件企业的税收优惠的。如果此时正处于免税期，企业是可以全额免税的，不是说只有软件部分免税、变卖股权的所得就要缴税，没有这样的奇葩要求，但或许会有这样的想法，当然想到的人也是爱学习的人士。

4.5 研究开发费用加计扣除新政发布，老问题仍存在

什么是研发活动？估计我的理解、你的想法、技术部门花钱支出的想法、科委同志的想法，都不同。《财政部 国家税务总局 科技部关于完善研究开发费用税前加计扣除政策的通知》（财税〔2015〕119号），叫好的一个法规，快速响应总理的安排，负面清单管理，没有资料提供要求，是不是一下子解放了生产力，解放了纳税人与税务机关

的责任与纠结呢？以我们的理解，越是简单的法规条文，越是没有标准的规定，越是税务风险的高发区，此时我们就静待国家税务总局的实施规范了，看如何细化！

第二个层面，我们在理解一个税法的更新完善时，需要理解其来由，关注变化，关注企业操作，关注税务复核，关注有哪些问题还待明确完善，这些都是我们需要整体考虑的，因此我们希望给你一个不一样的解读的理解逻辑，也是需求的逻辑。

1. 原来已有，新政策要改变什么，为何要变化

2015年10月21日国务院常务会议决定：

从2016年1月1日起，一是放宽享受加计扣除政策的研发活动和费用范围。除规定不宜适用加计扣除的活动和行业外，企业发生的研发支出均可享受加计扣除优惠。在原有基础上，外聘研发人员劳务费、试制产品检验费、专家咨询费及合作或委托研发发生的费用等可按规定纳入加计扣除。二是允许企业追溯过去3年应扣未扣的研发费用予以加计扣除。三是简化审核，对加计扣除实行事后备案管理。对可加计扣除的研发费用实行归并核算。

这里大家就了解了，新政是要奔着这些个变化去的，不用大家再列表比较分辨出来，这些变化从财政部税政司王建凡司长的解读来看，是这个样子的：

研发费用加计扣除政策在实施的过程中，一些企业反映需要进一步完善。主要是政策口径还不完全适应企业推动研发活动的一些新要求。另外，在研发费用加计扣除的核算管理和审查程序上，相对比较

复杂一些。因此在当前经济下行压力大，又需要推动结构调整的情况下，完善加计扣除政策，使更多的企业能够享受到加计扣除带来的税收优惠，实际上是一个正向的激励作用。

好的，起因我们明确了，就是解决这些“痛点”，我们就可以快速地理解财税〔2015〕119 号文件了。

一是放宽享受税收优惠政策的研发活动范围。原来的研发费用加计扣除政策，要求享受优惠的研发活动必须符合《国家重点支持的高新技术领域》和《当前优先发展的高技术产业化重点领域指南》两个目录。这次政策调整，由原来的正列举变成了反列举，一些新兴业态只要不在排除范围之内，都可以实行加计扣除。

二是扩大了享受加计扣除税收优惠政策的费用范围。原来享受优惠的研发费用只限于专职研发人员的费用，以及专门用于研发的材料费用、仪器设备折旧费、无形资产的摊销等，不包括外聘研发人员的劳务费等。

三是简化对研发费用的归集和核算管理。原来企业享受加计扣除的优惠必须单独设置研发费用专账，但是实际上很多企业可能没有单独设立专账核算，因此申报的时候不符合条件。这次政策调整，只是要求在现有的会计科目基础上，按照研发科目设置辅助账，辅助账比专用账简化得多，这样使企业的核算管理更为简化。

四是明确企业符合条件的研发费用可以追溯享受政策。可能有些企业在实际执行过程当中，原来符合条件但是没有申报，今年在进行核算的时候，发现这些活动是可以列入研发费用加计扣除的，也可以向税务机关申请，只要符合当时的加计扣除税收政策规定，可以向前追溯三年。

五是减少审核的程序。原来企业享受加计扣除的优惠，必须在年度申报的时候向税务机关提供全部的有效证明，调整后的程序是：对企业享受加计扣除简化为事后备案管理，有关的资料由企业留存备查，不需要都拿到税务机关，税务机关要查证的时候再提供。如果税务机关对研发项目有异议的话，也不再由企业找科技部门来鉴定，而是税务机关直接跟科技部门协商，由科技部门提供鉴定。

我们尽量保留了原文的内容，估计同志们在理解文件的时候，会快速地理解所以然了。

2. 适用主体

适用于会计核算健全、实行查账征收并能够准确归集研发费用的居民企业。

3. 什么是可以加计扣除的研发活动

按照财税〔2015〕119号文件的规定："本通知所称研发活动，是指企业为获得科学与技术新知识，创造性运用科学技术新知识，或实质性改进技术、产品（服务）、工艺而持续进行的具有明确目标的系统性活动。"

这句话估计很难得到量化的指标确定，只能往后看了，下列活动不适用税前加计扣除政策：

1. 企业产品（服务）的常规性升级。

2. 对某项科研成果的直接应用，如直接采用公开的新工艺、材料、装置、产品、服务或知识等

3. 企业在商品化后为顾客提供的技术支持活动。

4. 对现存产品、服务、技术、材料或工艺流程进行的重复或简单改变。

5. 市场调查研究、效率调查或管理研究。

6. 作为工业（服务）流程环节或常规的质量控制、测试分析、维修维护。

7. 社会科学、艺术或人文学方面的研究。

估计看到这儿，我们就会晕了，原来还有两个目录参照一下，现在是只要不是限制范围的事项，如果是研发活动，都是可以加计扣除的。其实核心还是研发活动的定性，是不是？是关键！比如升级、技术支持、简单改变、常规，如何判断？只能拍脑门了，企业自己可以从技术立项方面找支持，问人家是不是这样限制范围等，花钱的部门，还不都说得很神秘才是，绝对的世界第一，研发水平很高呢。再说国家还有考核呢，都要列入研发的支出中，财务部门再从研发支出的科目中找到属于可以加计扣除的研发，岂不是更难了？

比如对于一个陌生的领域，从国外买进来一套数据，做成了中国的第一台“山寨”特斯拉，这算不算中国的研发活动？如果从中国的产业水平看，这真是研发领域的创新，但是如果从加计扣除看，可能就有争议了！只好找科委的专家们评估一下，是还是不是？

所以大家一定要注意，起的名字也是很关键，是叫评估，叫研发，还是叫调研，都有学问在里面。当然这得有真技术，但是不要因名字

误导了自己与别人。

4. 加计扣除的支出范围有哪些

依照会计核算，研发支出分列为费用化与资本化两部分，对此税法上没有规定如何分，就参照会计核算的标准来吧：企业开展研发活动中实际发生的研发费用，未形成无形资产计入当期损益的，在按规定据实扣除的基础上，按照本年度实际发生额的50%，从本年度应纳税所得额中扣除；形成无形资产的，按照无形资产成本的150%在税前摊销。

并非所有的研发名目的支出都是可以加计扣除的，口径虽然放宽了，但并不是全部，人家仍是有列举说明的，省得有人故意做大加计扣除。具体见表4-2。

表4-2

加计扣除的支出范围列举说明

事项	明细	批注
人员人工费用	直接从事研发活动人员的工资薪金、基本养老保险费、基本医疗保险费、失业保险费、工伤保险费、生育保险费和住房公积金，以及外聘研发人员的劳务费用。	● 直接：总经理兼管的模式费用还是不好分配并入，“直接”更多理解是从事研发工作的同志！可能有不同的项目，做分摊就好了！ ● 外聘劳务也算了，劳务派遣同志可以有名分并入了，还有高新认定讨论算不算劳务派遣工，估计应统一算了为好！人家的社保费用支出也是要并入其内的，劳务费用是个大口径。 ● 一个团队好几个法人单位的研发活动，不用因旧规“在职”的规定折腾了，没有劳动合同有真实的活动费用也认可了。 ● 补充养老与补充医疗是不是也要考虑一下呢？

续表

事项	明细	批注
直接投入费用	1. 研发活动直接消耗的材料、燃料和动力费用。 2. 用于中间试验和产品试制的模具、工艺装备开发及制造费，不构成固定资产的样品、样机及一般测试手段购置费，试制产品的检验费。 3. 用于研发活动的仪器、设备的运行维护、调整、检验、维修等费用，以及通过经营租赁方式租入的用于研发活动的仪器、设备租赁费。	● 直接，就是直接消耗的部分，比如研发人员每个月由人力部门算工资，人力部门的费用能否分摊一点过来呢？那是不行的，因为是间接。 ● 融资租赁的情形，可以通常折旧归类处理了，所以这儿只提经营租赁就行了。 ● 购入的模具，这儿复杂了，比如研发一个机具，购入的模具能用 5 年，但是试验一次 3 个月搞定了，你说这个模具一次性计入研发支出，是不是有点心里没底呢？怕人家不认啊，所以既然是费用化，这儿理解属于费用化的更好，而形成固定资产的通过折旧处理为妙。 ● 投入的材料，形成的样品，有的还挺好卖的，比如生产一根冰棍，测试机器必须批产，一批 1 000 根，你说这 1 000 根都作研发支出？卖了 999 根，要不要冲研发支出费用？从合理性上考虑，卖了就补偿了研发支出，冲减是小编建议的。如果生产的是没有人要的废旧物品，根本没有人要，就计入研发费用发生额。
折旧费用	用于研发活动的仪器、设备的折旧费。	原规定有“专门用于”，现在是可以分时间摊销了，但是不是真的，估计谁也说不好，原来“专门用于”，干点私活也没有人知道啊，所以这一项，睁一只眼闭一只眼吧！
无形资产摊销	用于研发活动的软件、专利权、非专利技术（包括许可证、专有技术、设计和计算方法等）的摊销费用。	同上。
*	新产品设计费、新工艺规程制定费、新药研制的临床试验费、勘探开发技术的现场试验费。	这儿的费用可能有外包的，因此费用的发生，定价就有水平了，比如人家搞个关联交易定价虚高，该如何办呢？

续表

事项	明细	批注
其他相关费用	与研发活动直接相关的其他费用，如技术图书资料费、资料翻译费、专家咨询费、高新科技研发保险费，研发成果的检索、分析、评议、论证、鉴定、评审、评估、验收费用，知识产权的申请费、注册费、代理费，差旅费、会议费等。此项费用总额不得超过可加计扣除研发费用总额的10%。	列举的项目挺多，但是只能占总额的10%，即只能占其他费用的11.11%（10/90，基数不同时的考虑）。
*	财政部和国家税务总局规定的其他费用	还有其他，不过这得再明确了，不宜自己看着来。

对于这些费用的发生，归类就要很清楚了，不然自己从明细账、辅助账上找，估计会晕掉，本来就挺忙的，所以不如就直接以二级科目这样列，再列个会计核算的科目，这样省得自己麻烦，别人也麻烦。

至于上面的争议，有一些是历来就存在的，没有办法，没有人明确，还有一些可能会发生，但是建议我们的落地办法能够既发挥行业引导的力量，又防止“不良”的操作方法，也减少“各为其主”的争议。好事变成坏事，就是真坏事了。

5. 特别事项特别对待

表 4-3

对特别事项的处理规定

序号	事项	批注
1	企业委托外部机构或个人进行研发活动所发生的费用，按照费用实际发生额的80%计入委托方研发费用并计算加计扣除，受托方不得再进行加计扣除。委托外部研究开发费用实际发生额应按照独立交易原则确定。委托方与受托方存在关联关系的，受托方应向委托方提供研发项目费用支出明细情况。企业委托境外机构或个人进行研发活动所发生的费用，不得加计扣除。	● 委托开发，委托方加计，受托方不加计。 ● 原来纠结于按受托方实际发生费用让委托方加计，纯属理想主义，谁有业务把家底亮出来？所以一直有同志在坚持这个，现在好了，不用猜了，直接用委托方支付的费用，但打了个 8 折，这倒是与高新认定中的研发支出一样了，不用切换了，但如何填表备案呢？那么多明细项，只能“瞎填”一下了。 ● 双方有关联关系的，“家底”就可以亮了，包括不包括毛利挣钱的部分加计呢？理论上应一视同仁啊，关联方的难道只认受托方实际花的钱？如果再有关联方呢，无穷尽啊，参照这个进行后续跟进一下，要真这样创造不了“价值”了。 ● 委托境外的不管用了，看来只能找境外的境内机构来做这个事了，转换下“门面”。
2	企业共同合作开发的项目，由合作各方就自身实际承担的研发费用分别计算加计扣除。	合作各方花多少真的不好说，比如一家出的钱，一家出的力，双方共有权益，那别探讨关联交易平衡了，认自己的就好了，形式方面就这样理解了，合作的举证是需要形式的要件。
3	企业集团根据生产经营和科技开发的实际情况，对技术要求高、投资数额大，需要集中研发的项目，其实际发生的研发费用，可以按照权利和义务相一致、费用支出和收益分享相配比的原则，合理确定研发费用的分摊方法，在受益成员企业间进行分摊，由相关成员企业分别计算加计扣除。	● 原来规定得可详细了，现在简化了，但是还是要详细些才好。 ● 这种研发，成果归谁，归集团，受益企业用，如何证明受益性，之前也没有人管，最后参与机构只是掏钱，集团享受了利益，如何调整，是个关键点。 ● 成员企业花钱，是分摊的性质，可以按分摊列支费用，签订成本分摊协议，按照《国家税务总局关于规范成本分摊协议管理的公告》（国家税务总局公告 2015 年第 45 号）处理，不然列费用都是问题，还加计扣除呢！ ● 此时集团向税务机关备案了，成员机构仍需向税务机关备案才说得清楚。

续表

序号	事项	批注
4	企业为获得创新性、创意性、突破性的产品进行创意设计活动而发生的相关费用，可按照本通知规定进行税前加计扣除。 创意设计活动是指多媒体软件、动漫游戏软件开发，数字动漫、游戏设计制作；房屋建筑工程设计（绿色建筑评价标准为三星）、风景园林工程专项设计；工业设计、多媒体设计、动漫及衍生产品设计、模型设计等。	看来互联网＋还是要继续搞啊，这政策都是明确写出来了，不然被认为商务活动就有争议了。

其实特殊事项还有一个纳税人放弃不征税收入，取得加计扣除利益的问题，也是争议很多。比如国家给航天单位划钱，100亿元研发大飞机，如果不作为不征税收入，研发了，再加计50亿元，这本身有点不正常，但是税法方面确实不清楚，说不明白，因此建议一次性搞清楚了，不要让纳税人充满想象的空间，还有难受的“纠结”。一方面企业如果不搞研发，通常希望作为不征税收入处理；另一方面企业如果搞研发，则可能希望通过加计扣除多出50％抵减其他应税收入，金额小的可能关注不大，但是金额大的，这里面明显有让纳税人不安心的地方啊。

6. 会计核算，税法也要管管

（1）企业应按照国家财务会计制度要求，对研发支出进行会计处理；同时，对享受加计扣除的研发费用按研发项目设置辅助账，准确归集核算当年可加计扣除的各项研发费用实际发生额。企业在一个纳税年度内进行多项研发活动的，应按照不同研发项目分别归集可加计扣除的研发费用。

（2）企业应对研发费用和生产经营费用分别核算，准确、合理归集各项费用支出，对划分不清的，不得实行加计扣除。

从企业会计准则的规定看，“研发支出”属于资本化的项目，在费用中没有明确的研发科目的要求，就看企业自己的核算要求，但是一定要让人看清楚，因为自己应是相对清楚的，别人看清楚才说明核算得清楚，辅助账可以另立一小本账来管理，但是可能要贴 5 块钱印花了。

7. 与研发加计无关的行业

不适用税前加计扣除政策的行业有：（1）烟草制造业；（2）住宿和餐饮业；（3）批发和零售业；（4）房地产业；（5）租赁和商务服务业；（6）娱乐业；（7）财政部和国家税务总局规定的其他行业。

上述行业以《国民经济行业分类与代码（GB/4754－2011）》为准，并随之更新。

小编的疑问是，现在的行业跨界比较多，比如我们的法律、会计师或税务师事务所，本身也有搞互联网＋的，呼声很高，人家属于软件事务也是可以说的，但是一下子将行业明确了不可以，真要逼着同志们越来越多地创造新行业了！找行业、找加计扣除不受限制的行业。但真的要做研发活动才好，不要只写咨询报告了。

同时行业外延扩大了，金融机构可以明明白白地搞研发了，所以最后的争议仍是研发上去了什么。

8. 企业来享受，税务如何监管呢，放得开，也要收得住

□企业研发费用各项目的实际发生额归集不准确、汇总额计算不准确的，税务机关有权对其税前扣除额或加计扣除额进行合理调整。

严重同意。

□税务机关对企业享受加计扣除优惠的研发项目有异议的，可以转请地市级（含）以上科技行政主管部门出具鉴定意见，科技部门应及时回复意见。企业承担省部级（含）以上科研项目的，以及以前年度已鉴定的跨年度研发项目，不再需要鉴定。

原来税务局有要求去科技主管部门鉴定的，是不再提倡了，还是“依规则”继续呢？至少责任让税务机关的同志来承担了，这责任、权力，不好办啊，所以税务机关如何对接，还真是个劳心劳力的活。

□企业符合本通知规定的研发费用加计扣除条件而在2016年1月1日以后未及时享受该项税收优惠的，可以追溯享受并履行备案手续，追溯期限最长为3年。

这个要结合国务院的意思进行理解：允许企业追溯过去3年应扣未扣的研发费用予以加计扣除，还有解读：可能有些企业在实际执行过程当中，原来符合条件但是没有申报，今年在进行核算的时候，发现这些活动是可以列入研发费用加计扣除的，也可以向税务机关申请，只要符合当时的加计扣除税收政策规定，可以向前追溯3年。

小编是这样理解的，这是程序方面的事，理解上是纳税人权利的明确，比如现在我们发现2013年有未加计扣除的备案及申报，现在就不能享受了？困难之处在于备案是不是能补充，现在可不能说过了汇算期就一概不认的规定，现在明确了，实际上也是对这一现状的程序上的操作明确。如果说依本通知条件及2016年1月1日以后未及时享受，这是新的事，但是老的事，即2016年1月1日之前的事，按照老通知条件，是不是也可以操作呢？小编认为程序上的处理应允许人家追溯之前，但操作上认不认、如何认，如何退税，估计是困难重重的，这一点尤其应由国家税务总局明确为最佳，不要再让同志们争议了。

□税务部门应加强研发费用加计扣除优惠政策的后续管理，定期开展核查，年度核查面不得低于20%。

这事就多了，让税务同志都去学一下中国科学史，学习一下互联网，学习一下高科技、数理化，估计够难，但是这确实又是专业的事，不是自己主观判断的事，但又是涉及钱的事，都是大事，所以要求高了，但是手中的“武器”得跟上。

9. 实施时间

2016年1月1日执行，也就是说这个条件的加计扣除，是明年开始的，今年仍然要执行旧规定，不过税务机关的征管程序可以按新的来，这倒是可以与时俱进的。

所以这是一个多方面的、充满挑战性的法规，改变、明确与监管，我们的行动还需要做细，而法规可以做简，新挑战，新机遇！且等总局的办法吧。

10. 研发费用加计扣除的效力

研发费用加计扣除，是指在税前多扣除发生额或摊销额的 50%。如果企业没有税呢，只能跟着亏损 5 年结转，此情形下，就是 5 年的效力期，过了也没有用，所以企业要考虑研发费用的追溯年度及亏损年度的影响。

11. 加计扣除的“扣除基数”在哪儿

《国家税务总局关于印发〈企业研究开发费用税前扣除管理办法（试行）〉的通知》（国税发〔2008〕116 号，现已全文废止）当时规定：法律、行政法规和国家税务总局规定不允许企业所得税前扣除的费用和支出项目，均不允许计入研究开发费用。

我们知道，加计扣除是允许在税前扣除的基础之上，再多扣除可以加计部分的 50%，比如某公司发生了一笔支出，但是没有取得合规的票据，会计上列示的资料能够证明真实性，这个认不认可加计扣除？再有，人员的工资薪金，如果计提的是期权，需要好几年才兑现呢，认不认可人员工资薪金？或者支出取得的票据是在次年的 5 月 31 日之后取得的，又如何办呢？

因此原来国税发〔2008〕116 号文件的这句话还是有分量与逻辑考虑的，但是财税〔2015〕119 号文件不提这个事了，难道要向高新认定中的研发费用口径看齐，即只看会计发生额，而不考虑税收扣除额，两者要一致化？或许科委的同志根本不大考虑税前如何，只看发生了没有！财税〔2015〕119 号文件的“会计核算与管理”，似乎也是说以会计核算清晰准确为前提！

再者，如果票据不合格，当年度不允许加计扣除，在取得合规票据的年度，是不是要追溯调整，正好用上新文件的条款呢？

不过研发设备的加速折旧，明确规定是以会计上的数据为准，而不是以税务上的数据为准的，这是个奇怪的特殊之处。《国家税务总局关于固定资产加速折旧税收政策有关问题的公告》（国家税务总局公告2014年第64号）规定：

企业专门用于研发活动的仪器、设备已享受上述优惠政策的，在享受研发费加计扣除时，按照《国家税务总局关于印发〈企业研发费用税前扣除管理办法（试行）〉的通知》（国税发〔2008〕116号）、《财政部 国家税务总局关于研究开发费用税前加计扣除有关政策问题的通知》（财税〔2013〕70号）的规定，就已经进行会计处理的折旧、费用等金额进行加计扣除。

12. 高新认定为何认会计金额

其实高新认定原来跟税务没有多大关系，结果同志们把高新办得问题多多，执行中虚假成分根本挡不住！但2014年度的申报表，已经将高新总收入口径“转化”为税收口径对待了，不过其间争议以及有没有放，还真不清楚，这两个口径是存在各自不同的理解与部门间协调的。

但是高新中研发费用的基数，是基于投入口径考虑的，现实中比加计扣除的范围也大，本次加计扣除新规也跟着学了一些处理的规则。高新的口径依会计发生额，而不用再多考虑票据5月31日之类，这也是从另一个角度思考的问题。

拓展

财政部 国家税务总局 科技部关于完善研究开发费用税前加计扣除政策的通知

(财税〔2015〕119号)

各省、自治区、直辖市、计划单列市财政厅（局）、国家税务局、地方税务局、科技厅（局），新疆生产建设兵团财务局、科技局：

根据《中华人民共和国企业所得税法》及其实施条例有关规定，为进一步贯彻落实《中共中央国务院关于深化体制机制改革加快实施创新驱动发展战略的若干意见》精神，更好地鼓励企业开展研究开发活动（以下简称研发活动）和规范企业研究开发费用（以下简称研发费用）加计扣除优惠政策执行，现就企业研发费用税前加计扣除有关问题通知如下：

一、研发活动及研发费用归集范围

本通知所称研发活动，是指企业为获得科学与技术新知识，创造性运用科学技术新知识，或实质性改进技术、产品（服务）、工艺而持续进行的具有明确目标的系统性活动。

（一）允许加计扣除的研发费用。

企业开展研发活动中实际发生的研发费用，未形成无形资产计入当期损益的，在按规定据实扣除的基础上，按照本年度实际发生额的50%，从本年度应纳税所得额中扣除；形成无形资产的，按照无形资产成本的150%在税前摊销。研发费用的具体范围包括：

1. 人员人工费用。

直接从事研发活动人员的工资薪金、基本养老保险费、基本医疗保险费、失业保险费、工伤保险费、生育保险费和住房公积金，以及外聘研发人员的劳务费用。

2. 直接投入费用。

(1) 研发活动直接消耗的材料、燃料和动力费用。

(2) 用于中间试验和产品试制的模具、工艺装备开发及制造费，不构成固定资产的样品、样机及一般测试手段购置费，试制产品的检验费。

(3) 用于研发活动的仪器、设备的运行维护、调整、检验、维修等费用，以及通过经营租赁方式租入的用于研发活动的仪器、设备租赁费。

3. 折旧费用。

用于研发活动的仪器、设备的折旧费。

4. 无形资产摊销。

用于研发活动的软件、专利权、非专利技术（包括许可证、专有技术、设计和计算方法等）的摊销费用。

5. 新产品设计费、新工艺规程制定费、新药研制的临床试验费、勘探开发技术的现场试验费。

6. 其他相关费用。

与研发活动直接相关的其他费用，如技术图书资料费、资料翻译费、专家咨询费、高新科技研发保险费，研发成果的检索、分析、评议、论证、鉴定、评审、评估、验收费用，知识产权的申请费、注册费、代理费，差旅费、会议费等。此项费用总额不得超过可加计扣除研发费用总额的10%。

7. 财政部和国家税务总局规定的其他费用。

（二）下列活动不适用税前加计扣除政策。

1. 企业产品（服务）的常规性升级。

2. 对某项科研成果的直接应用，如直接采用公开的新工艺、材料、装置、产品、服务或知识等。

3. 企业在商品化后为顾客提供的技术支持活动。

4. 对现存产品、服务、技术、材料或工艺流程进行的重复或简单改变。

5. 市场调查研究、效率调查或管理研究。

6. 作为工业（服务）流程环节或常规的质量控制、测试分析、维修维护。

7. 社会科学、艺术或人文学方面的研究。

二、特别事项的处理

1. 企业委托外部机构或个人进行研发活动所发生的费用，按照费用实际发生额的80%计入委托方研发费用并计算加计扣除，受托方不得再进行加计扣除。委托外部研究开发费用实际发生额应按照独立交易原则确定。

委托方与受托方存在关联关系的，受托方应向委托方提供研发项目费用支出明细情况。

企业委托境外机构或个人进行研发活动所发生的费用，不得加计扣除。

2. 企业共同合作开发的项目，由合作各方就自身实际承担的研发费用分别计算加计扣除。

3. 企业集团根据生产经营和科技开发的实际情况，对技术要求高、投资数额大，需要集中研发的项目，其实际发生的研发费用，可以按照权利和义务相一致、费用支出和收益分享相配比的原则，合理确定研发费用的分摊方法，在受益成员企业间进行分摊，由相关成员企业分别计算加计扣除。

4. 企业为获得创新性、创意性、突破性的产品进行创意设计活动而发生的相关费用，可按照本通知规定进行税前加计扣除。

创意设计活动是指多媒体软件、动漫游戏软件开发，数字动漫、游戏设计制作；房屋建筑工程设计（绿色建筑评价标准为三星）、风景园林工程专项设计；工业设计、多媒体设计、动漫及衍生产品设计、模型设计等。

三、会计核算与管理

1. 企业应按照国家财务会计制度要求，对研发支出进行会计处理；同时，对享受加计扣除的研发费用按研发项目设置辅助账，准确归集核算当年可加计扣除的各项研发费用实际发生额。企业在一个纳税年度内进行多项研发活动的，应按照不同研发项目分别归集可加计扣除的研发费用。

2. 企业应对研发费用和生产经营费用分别核算，准确、合理归集各项费用支出，对划分不清的，不得实行加计扣除。

四、不适用税前加计扣除政策的行业

1. 烟草制造业。
2. 住宿和餐饮业。
3. 批发和零售业。
4. 房地产业。
5. 租赁和商务服务业。
6. 娱乐业。
7. 财政部和国家税务总局规定的其他行业。

上述行业以《国民经济行业分类与代码（GB/4754—2011)》为准，并随之更新。

五、管理事项及征管要求

1. 本通知适用于会计核算健全、实行查账征收并能够准确归集研发费用的居民企业。

2. 企业研发费用各项目的实际发生额归集不准确、汇总额计算不准确的，税务机关有权对其税前扣除额或加计扣除额进行合理调整。

3. 税务机关对企业享受加计扣除优惠的研发项目有异议的，可以转请地市级（含）以上科技行政主管部门出具鉴定意见，科技部门应及时回复意见。企业承担省部级（含）以上科研项目的，以及以前年度已鉴定的跨年度研发项目，不再需要鉴定。

4. 企业符合本通知规定的研发费用加计扣除条件而在2016年1月1日以后未及时享受该项税收优惠的，可以追溯享受并履行备案手续，追溯期限最长为3年。

5. 税务部门应加强研发费用加计扣除优惠政策的后续管理，定期开展核查，年度核查面不得低于20%。

六、执行时间

本通知自2016年1月1日起执行。《国家税务总局关于印发〈企业研究开发费用税前扣除管理办法（试行）〉的通知》（国税发〔2008〕116号）和《财政部 国家税务总局关于研究开发费用税前加计扣除有关政策问题的通知》（财税〔2013〕70号）同时废止。

财政部 国家税务总局 科技部

2015年11月2日

4.6 高新技术企业认定以何口径为准

现在高新技术企业认定管理办法听闻是在征求意见中，但在当下，我们梳理了一下现实当中存在的问题，这需要我们从行业规范的口径上进行明确。

中国的高新技术企业好像有点遍地开花的感觉，要上市，不是高新都“不好意思”。甚至于一个卖早餐的，如果发明了一种新的包装方式，也是“高新”。其实咱吃个早餐，还是希望早餐本质是好的，不要有添加剂、地沟油，包装没有那么多讲究，但是为了高新，也要想高新的招。

1. 回顾高新认定办法

《科技部 财政部 国家税务总局关于印发〈高新技术企业认定管理办法〉的通知》(国科发火〔2008〕172 号）规定：

第十条　高新技术企业认定须同时满足以下条件：

（一）在中国境内（不含港、澳、台地区）注册的企业，近三年内通过自主研发、受让、受赠、并购等方式，或通过 5 年以上的独占许可方式，对其主要产品（服务）的核心技术拥有自主知识产权；

（二）产品（服务）属于《国家重点支持的高新技术领域》规定的范围；

（三）具有大学专科以上学历的科技人员占企业当年职工总数的 30%以上，其中研发人员占企业当年职工总数的 10%以上；

（四）企业为获得科学技术（不包括人文、社会科学）新知识，创造性运用科学技术新知识，或实质性改进技术、产品（服务）而持续进行了研究开发活动，且近三个会计年度的研究开发费用总额占销售收入总额的比例符合如下要求：

1. 最近一年销售收入小于5 000万元的企业，比例不低于6%；

2. 最近一年销售收入在5 000万元至20 000万元的企业，比例不低于4%；

3. 最近一年销售收入在20 000万元以上的企业，比例不低于3%。

其中，企业在中国境内发生的研究开发费用总额占全部研究开发费用总额的比例不低于60%。企业注册成立时间不足三年的，按实际经营年限计算；

（五）高新技术产品（服务）收入占企业当年总收入的60%以上；

（六）企业研究开发组织管理水平、科技成果转化能力、自主知识产权数量、销售与总资产成长性等指标符合《高新技术企业认定管理工作指引》（另行制定）的要求。

2. 所得税征管如何把好最后关口

企业取得高新的目的是什么？就是享受税收优惠、少缴税，这是真金白银，所以没有条件也要创造条件。可能在高新申请时，走形式主义过场的比较多，所以各种服务等机构发挥能量，企业一下子就认上了。但是税收毕竟是有严肃性的，纳税人在填报时还是要掂量一下的。特别关注之处是我们的申报表填报说明，如下：

(1)《高新技术企业优惠情况及明细表》(A107041)填报说明之总收入。

第5行“一、本年高新技术产品(服务)收入”:填报第6+7行的金额。

第6行“其中:产品(服务)收入”:填报纳税人本年符合《国家重点支持的高新技术领域》要求的产品(服务)收入。

第7行“技术性收入”:填报纳税人本年符合《国家重点支持的高新技术领域》要求的技术性收入的总和。

第8行“二、本年企业总收入”:填报纳税人本年以货币形式和非货币形式从各种来源取得的收入,为税法第六条规定的收入总额。包括:销售货物收入,提供劳务收入,转让财产收入,股息、红利等权益性投资收益,利息收入,租金收入,特许权使用费收入,接受捐赠收入,其他收入。

第9行“三、本年高新技术产品(服务)收入占企业总收入的比例”:填报第5÷8行的比例。

企业总收入是何概念?税法上是一网打尽的,属于收入口径的都算是总收入,但是高新技术企业认定办法中的总收入,一般是指会计上核算的主营业务收入与其他业务收入,比如注册会计师协会发布的审计指引中就说明:

根据《高新技术企业认定管理办法》的规定,高新技术企业认定必须满足“最近一个会计年度高新技术产品（服务）收入占企业当年总收入的60%以上”的条件。结合审定的高新技术产品（服务）收入，复核高新技术产品（服务）收入占企业当年总收入比例的常用程序如下：(1) 获取经具有资质的会计师事务所审计的申报企业最近一个会计年度的财务报表。(2) 复算最近一个会计年度高新技术产品（服务）收入占申报企业当年总收入（主营业务收入与其他业务收入之和）的比例，与申报企业计算的结果核对是否一致。

想必上面的资料大家已经比较关注了，小编的意思是，这到底要听谁的？小编个人认为申报表中的细化，虽然利于发现虚假“高新”的“东郭先生”，但是毕竟是一家之言不是？所以没有明确认定办法及审计规则之前，还是从利于纳税人角度考虑更合适一些。不过，小编倒是道听途说，这个标准税务机关在掌握中，已经趋同于认定时的口径了，不然纳税人可就惨了。为何？这里面还有一个税会差异的问题，其实我们认定高新，都是会计的数据，有税啥事？纳税调整为所得税规则上的收入，不懂的也多了。恐怕这不仅仅是一个范围的问题，更是一个大的规则的问题。基于此，从税收的口径来看，还是存在困难的，真有纳税人为此提出复议或诉讼，也往往会处于被动之中，因此如果我们的规则要这样定，还是建议明确在规则当中，这是当务之急，不宜用一个申报表的填报说明来作为支持的依据。

(2)《高新技术企业优惠情况及明细表》(A107041) 填报说明之研发费用比例。

第28行“十、本年研发费用占销售（营业）收入比例”：填报纳税人本年研发费用占销售（营业）收入的比例。

注意，上面申报表说明中的销售或营业收入，可并不是上面（1）总收入的概念，可以认为就是会计上收入的概念（主营业务收入加其他业务收入），这点税法上没有严格要求。但是注意，这里只是一年的比例，高新是考虑三年一期的，试想哪个企业天天研发，通常研发一阵就卖一阵，有一个销售周期，而且更新的不可能年年投入这么多，所以三年合并考虑还是合适的，也是出于接近销售周期这样的考虑。所以这个标准如果仅仅当年度不达标，但是合并起来考虑达标的话，小编认为还是要认可的。

4.7 优先股与混合性投资

当前，企业投资主要有权益性投资、债券性投资和混合性投资三大类。每种投资方式取得的所得在计算企业所得税时，处理方式是不同的。在实际工作中，需要注意区分不同性质，进行正确的企业所得税处理。我们先来看看上述三种投资类型是如何定义的：

1. 权益性投资

权益性投资是指为获取另一企业的净资产所有权所做的投资，包括普通股、优先股、认股权与认股证等。权益性证券的持有者一般拥有在股东大会上的表决权和领取股利的权利，但此类证券一般无还本日期，股东若无意继续持有，可依法转让给他人而收回投资，或者直到企业清算收回投资。

2. 债权性投资

债权性投资是指为取得债权所做的投资，如购买国库券、公司债券等。债券是一种约定债券，它以契约的形式明确规定投资企业与被投资企业的权利与义务，无论被投资企业有无利润，投资企业均享有定期收回本金，获取利息的权利。企业进行债权性投资，一般是为了取得高于银行存款利率的利息，并保证按期收回本息。

3. 混合性投资业务

混合性投资业务是指兼具权益和债权双重特性的投资业务。依照《国家税务总局关于企业混合性投资业务企业所得税处理问题的公告》（国家税务总局公告2013年第41号）的规定，该投资业务是指同时符合下列条件的混合性投资业务：

（一）被投资企业接受投资后，需要按投资合同或协议约定的利率定期支付利息（或定期支付保底利息、固定利润、固定股息，下同）；

（二）有明确的投资期限或特定的投资条件，并在投资期满或者满足特定投资条件后，被投资企业需要赎回投资或偿还本金；

（三）投资企业对被投资企业净资产不拥有所有权；

（四）投资企业不具有选举权和被选举权；

（五）投资企业不参与被投资企业日常生产经营活动。

需要进行实质性的判断“修订”税务处理：

（一）对于被投资企业支付的利息，投资企业应于被投资企业应付利息的日期，确认收入的实现并计入当期应纳税所得额；被投资企业应于应付利息的日期，确认利息支出，并按税法和《国家税务总局关于企业所得税若干问题的公告》（国家税务总局公告2011年第34号）第一条的规定，进行税前扣除。

（二）对于被投资企业赎回的投资，投资双方应于赎回时将赎价与投资成本之间的差额确认为债务重组损益，分别计入当期应纳税所得额。

在上面的几项政策中，我们接触的优先股，如何与混合性投资的税务处理相区分呢?《国务院关于开展优先股试点的指导意见》（国发〔2013〕46号）提出：

优先股是指依照公司法，在一般规定的普通种类股份之外，另行规定的其他种类股份，其股份持有人优先于普通股股东分配公司利润和剩余财产，但参与公司决策管理等权利受到限制。

企业投资优先股获得的股息、红利等投资收益，符合税法规定条件的，可以作为企业所得税免税收入。

优先股与混合性投资有一些共同点，如约定相对固定的收益，但是也有不同之处，即混合性投资有固定的赎回条件，优先股却没有，因此按照既定的《优先股试点管理办法》发行的优先股，仍是可以享受减免税优惠待遇的。

4.8 超过12个月的股票股息、红利的持有期界定

例如证券公司等频繁买卖股票，如何理解《企业所得税法实施条例》中规定的不得享受免税优惠的股息红利政策：不包括连续持有居民企业公开发行并上市流通的股票不足12个月取得的投资收益？由于具有较大的投机成分，因而不在优惠范围之内。经咨询相关税务机关人士与专业人士，多认为应按先进先出，理由是参照存货的规定。

［案例］ 如跨12个月的信息，期间频繁买卖，最低时持有50股，80股的时点进行了分红，如图4-1所示：

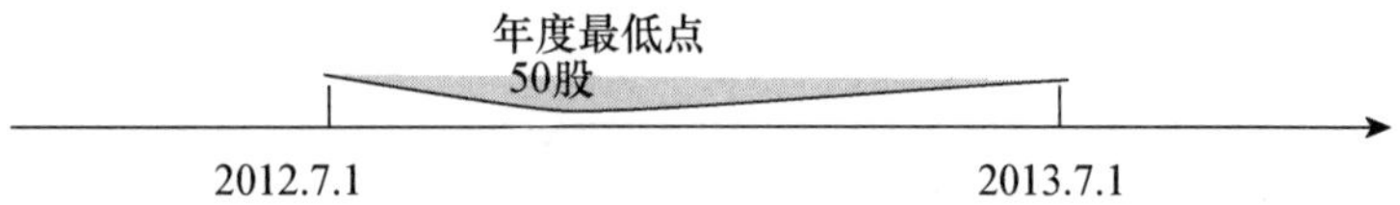

图4-1

“先进先出”的概念，主要是计算成本的概念，咨询中借鉴存货有“盗名”之嫌，本例探讨的是股东身份是否延续，而非看股票是几时购买的，因此证明股东身份是关键。

中间减持，最低50股，说明年底持有的80股中，有50股是可以从一年前延续下来的，这个身份并没有因为中间的买卖而变化过，即50股不是投机成分，这决定了持有一年的身份，而不因股票买卖有新旧的变化。案例中，80股中的50股，在一年前的100股之内，超过12个月，可以享受税收优惠。

股票买卖被引入先进先出或加权平均的理解，更多是一种算法，计算扣除成本，但是对于纳税人超过12个月股票的股息、红利享受免税，这里还会一样地理解判断12个月的持有期吗？非也，12个月并不是你持有那个编号的股票，而是只要你有了股票，不管你今天变了号还是没有变号，你都是股东，身份是不会变化的，这才是关键之处。

不过，这里其实还有一个问题，持有居民企业公开发行并上市流通的股票是12个月内的部分，不允许享受期间的股息、红利的免税待遇，那么过了12个月是否可以追补享受免税待遇？目前来看，认可有合理之处，但是税法本身是一个期限的界点，所以保守起见，个人认为不允许享受是符合税法规定的时点性标准的。

4.9 税收优惠政策与享受主体的分离带来的利益转移

首先我们思考，谁享有股息、红利取得利益的优惠待遇，谁就相对得利。当然，现在的交易，基本上都会考虑到税负的因素、市场的供需关系。如下的案例，或许会给我们不同的思考：

[案例] 甲公司转让 A 公司 100%股权给乙公司，甲公司出资 100 万元，转让价格为 150 万元，此时 A 公司的资产负债表的情形如表 4-4 所示（单位：万元）：

表 4-4

A 公司资产负债表

事项	资产	事项	负债及所有者权益
现金	150	应付账款	0
*	*	股本	100
*	*	未分配利润	50
合计	150	合计	150

此时甲公司这样计税：150－100＝50（万元），算其应税所得，未分配利润 50 万元并没有实际分配，不得享受转让价中包括的 50 万元未分配利润的免税待遇。转让后，A 公司决议进行分红，分配 50 万元，则此时乙公司 50 万元列为股息、红利免税所得。

分配后 A 公司的资产负债情形如表 4-5 所示（单位：万元）：

表 4-5

分配后 A 公司资产负债表

事项	资产	事项	负债及所有者权益
现金	100	应付账款	0
*	*	股本	100
*	*	未分配利润	0
合计	100	合计	100

此时乙公司按照100万元进行了转让，长期股权投资的计税基础是150万元，当期形成投资损失：150－100＝50（万元），则需要进行资产申报处理。这样的情形下，好像乙公司一下子得到了“不应得”的利益，一共投资了150万元，50万元免税，还做50万元投资损失税前扣除，不大对吧？之所以产生这样的情形，是政策本身对于股息、红利的确定规则所确定的，即甲公司将其应得到的免税机会让给了乙公司引起的。

从甲乙合并的角度考虑，50万元是A公司缴过税的，所以作为居民企业间的投资，这50万元是不需要再计算缴纳企业所得税的。这个机会甲公司给了乙公司，甲公司缴纳了50万元应税所得的税款（或因有亏损等结果没有缴纳税款也没有影响判断原则），缴纳的这50万元形成了乙公司的扣除的对应部分，故此，看似乙公司得了“不正当”的权利，实际上是甲公司计的应纳税所得额，为乙公司“买单”了50万元，乙公司作为成本扣除，无论是谁都可以享受50万元的免税所得。

不过甲公司转让时可以考虑先分红或者是考虑加价转给乙公司，这就是基于税收因素进行的商务做账的处理了，是自由处理的问题。

ENTERPRISE INCOME TAX

Difficult and Complicated Issues

第5章

税收征管

税收征管涉及的内容比较多，对于日常的纳税申报事项，我们需要一些关注及应对的方法，这也是企业与税务机关共同面对的管理风险。本部分我们选择了一些经常发生但是却没有特意关注的事项供参照。

5.1 预缴时人为地调整数据

5.1.1 对政策口径的理解

企业所得税无论是季度还是月度预缴，基本上是采用了会计利润总额的口径，但是也允许做少量的调整。依照《国家税务总局关于发布〈中华人民共和国企业所得税月（季）度预缴纳税申报表（2015年版）等报表〉的公告》（国家税务总局公告2015年第31号）的说明，我们可以梳理如下（见表5-1）：

表5-1

对会计利润总额口径的梳理

事项	内容	说明
起始：利润总额	此为月或季度会计上核算的利润总额	不需要审核会计核算
加：特定业务计算的应纳税所得额	从事房地产开发等特定业务的纳税人，填报按照税收规定计算的特定业务的应纳税所得额。房地产开发企业销售未完工开发产品取得的预售收入，按照税收规定的预计计税毛利率计算的预计毛利额填入此行	属于税上的收入，会计上还没有结算入账呢
减：不征税收入和税基减免应纳税所得额	填报属于税法规定的不征税收入、免税收入、减计收入、所得减免、抵扣应纳税所得额等金额	
减：固定资产加速折旧（扣除）调减额	固定资产税收上采取加速折旧，会计上未加速折旧的纳税调整情况	只管调减，以后调增处理在汇算清缴时一并调整
减：弥补以前年度亏损	填报按照税收规定可在企业所得税前弥补的以前年度尚未弥补的亏损额	其实当年的也是一并可以弥补的，因为是累计计算的

现实当中，报表中事项的应用并没有全部得到认可，即表与规定不一致，如当下税基减免应纳税所得额的事项下，研究开发费用的加计扣除，法规规定不得在预缴时加计，另外，预缴时如何加计本身也难以确定是否都属于可以加计扣除的统计口径，这些表看着不错，但政策不支持。

还有的情形是权益法调整的投资收益，往往是正数时，汇算清缴时都是要剔除的，预缴时有较大影响，不过显然当下的政策是不支持这部分调整的（如果是负数，纳税人可能就没有这样的呼声了）。

出现此类情形，我们的税务机关如何处理？通常不会认为属于偷税的行为，但是税务机关是可以加收滞纳金处理的。不过由于存在技术上的问题，比如有的企业在年底不想缴纳那么多的预缴税款，则在申报期内，如月或季后15日内，先随便出一个会计报表，其后会计师同志再调整一下会计报表的数据，堂而皇之地进行了会计报表的调整，这样好像也可以说道一二。

5.1.2 当年度累计（预缴多）多预缴税款时能否直接退

其实这个不叫问题，但是有的同志问，小编就认真地研究了一下其间的逻辑。

（1）比如一季度应纳税所得额为100万元，税款为25万元，二季度应纳税所得额为200万元，税款为50万元。这里的逻辑好像是一个季度一个季度计算出来的预缴税款，跟全年似乎没有关系，所以这是易麻痹我们的思考的。

（2）比如一季度应纳税所得额为100万元，税款为25万元，二季度出现负数，实际利润总额为－50万元，此时累计应纳税所得额为50万元，明显当年度多预缴了，如何办？税务机关给退税吗？显然不能，要退也要等到汇算清缴结束再算总账，这也是纳税人不愿意早早多缴税款的原因之一。

在填表说明中，第17行“本月（季）实际应补（退）所得税额”：根据相关行次计算填报。第17行“累计金额”列＝15行－16行，且第17行≤0时，填0，“本期金额”列不填。说明出现多预缴的，只能当0填写，不能填负数表达退税的意思。

5.1.3 总分机构分摊预缴时的主动权

当下，总分机构分摊所得税的依据是什么？是上一年度的**营业收入、职工薪酬和资产总额**，这三个数据是会计结算时得出的，并不是会计师审计后的结果（有的企业不需要审计）。这里就有一些弹性了，一是不同的地方税务机关要求在当地预缴，这得当地分支机构有基数才行，二是企业也可以选择一些当地有财政返还等利益考虑的地方，多分点，难免有这样的想法。

还有总分机构的税务检查补税，本来都是当地照这个方向去的，结果由于税款需要向分摊机构转移一部分，以致有的分支机构当地只能余下50%，所以检查的力度就更大了，这个当然是一种实务问题，不代表政策本身。

《国家税务总局关于印发〈跨地区经营汇总纳税企业所得税征收管理办法〉的公告》（国家税务总局公告2012年第57号）第十六条规

定，总机构设立具有主体生产经营职能的部门（非本办法第四条规定的二级分支机构），且该部门的营业收入、职工薪酬和资产总额与管理职能部门分开核算的，可将该部门视同一个二级分支机构，按本办法规定计算分摊并就地缴纳企业所得税；该部门与管理职能部门的营业收入、职工薪酬和资产总额不能分开核算的，该部门不得视同一个二级分支机构，不得按本办法规定计算分摊并就地缴纳企业所得税。

由此，总机构在分摊所得税的时候，往往在取得50%以后，再参与余下50%的分配，给分支机构留下的就更少了，这也是财政政策下的一种“创新”的征管方式。

国家税务总局2012年第57号公告第十八条规定，对于按照税收法律、法规和其他规定，总机构和分支机构处于不同税率地区的，先由总机构统一计算全部应纳税所得额，然后按本办法第六条规定的比例[1]和按第十五条[2]计算的分摊比例，计算划分不同税率地区机构的应纳税所得额，再分别按各自的适用税率计算应纳税额后加总计算出汇总纳税企业的应纳所得税总额，最后按本办法第六条规定的比例和按第十五条计算的分摊比例，向总机构和分支机构分摊就地缴纳的企业所得税款。

[1] 第六条　汇总纳税企业按照《企业所得税法》规定汇总计算的企业所得税，包括预缴税款和汇算清缴应缴应退税款，50%在各分支机构间分摊，各分支机构根据分摊税款就地办理缴库或退库；50%由总机构分摊缴纳，其中25%就地办理缴库或退库，25%就地全额缴入中央国库或退库。

[2] 第十五条　总机构应按照上年度分支机构的营业收入、职工薪酬和资产总额三个因素计算各分支机构分摊所得税款的比例；三级及以下分支机构，其营业收入、职工薪酬和资产总额统一计入二级分支机构；三因素的权重依次为0.35、0.35、0.30。计算公式如下：某分支机构分摊比例=（该分支机构营业收入/各分支机构营业收入之和）×0.35+（该分支机构职工薪酬/各分支机构职工薪酬之和）×0.35+（该分支机构资产总额/各分支机构资产总额之和）×0.30

但是国家税务总局2012年第57号公告第二十四条规定，以总机构名义进行生产经营的非法人分支机构，无法提供汇总纳税企业分支机构所得税分配表，也无法提供本办法第二十三条规定相关证据证明其二级及以下分支机构身份的，应视同独立纳税人计算并就地缴纳企业所得税，不执行本办法的相关规定。按上款规定视同独立纳税人的分支机构，其独立纳税人身份一个年度内不得变更。

这一条似乎也说明了纳税人可以适当调整脱离分摊表而在当地独立计算纳税的问题，现实当中也有发生，此时就要协调好总机构的税务机关使其适当地“认可”此类情形。

5.1.4 异地项目部预缴税款，其主管税务机关是谁

［案例］ 某市建筑企业有外地经营的项目部，办理了外出经营活动证明，该企业总机构主管税务机关为国家税务局，项目部在向当地的地方税务机关办理代开发票时，地税一并按0.2%征了企业所得税。回到总机构后，很不幸，国税机关认为，是国税的分支机构（项目部也属其一），就要到国税机关缴纳0.2%的税款，交到地税机关，不予认可！

企业很悲伤，我哪能分清企业所得税交国税还是地税？地税非要征，难道我要抗争？不缴税务机关不给开具发票啊！一方“哭哭啼啼”，一方“大义凛然”，如何是好？

1. 所得税的规定

《国家税务总局关于跨地区经营建筑企业所得税征收管理问题的通知》（国税函〔2010〕156号）曾努力地进行了明确，规定如下：

建筑企业总机构直接管理的跨地区设立的项目部，应按项目实际经营收入的0.2%按月或按季由总机构向项目所在地预缴企业所得税，并由项目部向所在地主管税务机关预缴。

跨地区经营的项目部（包括二级以下分支机构管理的项目部）应向项目所在地主管税务机关出具总机构所在地主管税务机关开具的《外出经营活动税收管理证明》，未提供上述证明的，项目部所在地主管税务机关应督促其限期补办；不能提供上述证明的，应作为独立纳税人就地缴纳企业所得税。

在国税函〔2010〕156号文件中，小编寻觅许久也未发现个所以然，到底是如何确定主管税务机关的，看来是国、地税分家不爽的地方的延伸。我们再看看当前的汇总纳税的规定，其中对于分支机构适用的主管税务机规定，也就停留于此，并未明确谁来主管。

我们再看看现在总分机构的国、地税机关的分工（只看当前适用的，不看变化的历史曲折规定），《国家税务总局关于调整新增企业所得税征管范围问题的通知》（国税发〔2008〕120号）规定：

以2008年为基年，2008年底之前国家税务局、地方税务局各自管理的企业所得税纳税人不作调整。2009年起新增企业所得税纳税人中，应缴纳增值税的企业，其企业所得税由国家税务局管理；应缴纳营业税的企业，其企业所得税由地方税务局管理。

2008年底之前已成立跨区经营汇总纳税企业，2009年起新设立的分支机构，其企业所得税的征管部门应与总机构企业所得税征管部门相一致；2009年起新增跨区经营汇总纳税企业，总机构按基本规定确定的原则划分征管归属，其分支机构企业所得税的管理部门也应与总机构企业所得税管理部门相一致。

这里明确了一个原则，即不管是何时成立的企业，分支机构企业所得税的主管税务机关与总机构应“配比”，问题来了，项目部是分支机构吗?

2. 项目部的身份

项目部通常就是个施工组，干完这个活项目部就撤了，不是持续的，虽然有的地方还比较严格地要求项目部做临时税务登记，但是项目部并不执行总分机构分摊所得税的方式，说白了，就是为了照顾施工地财政的“眼红”，所以固定切一块出来给他们，就是这么简单的事。

所以，如果我们套项目部当地主管税务机关，平时可能也没有人管，更多是在代开发票时，由地税介入处理。

3. 各地有何差异化的规定

如《河北省地方税务局关于企业所得税若干业务问题的公告》（河北省地方税务局公告 2011 年第 1 号）规定：

对在注册地由国税负责管理的建筑安装企业，在施工地国税系统办理了企业所得税报验登记或登录，则由国税机关负责征收；未在施工地国税系统办理登记或登录的，如为总机构项目部按其营业收入的 0.2%预征企业所得税；如为二级分支机构的，按总分机构管理；如总机构为核定征收，则按独立纳税人管理。

《北京市地方税务局关于进一步加强外地进京施工企业税收征收管理有关事项的公告》（北京市地方税务局公告2014年第9号）规定：

二、申报缴纳企业所得税

（一）在地方税务局缴纳企业所得税的外施企业，其在我市设立的由其直接管理的项目部（以下简称直管项目部）预缴的企业所得税，由西城局在交易中心代开发票环节负责征收。

（二）在国家税务局缴纳企业所得税的外施企业，其直管项目部首次在承发包交易中心代开发票时，应提交其企业所得税由北京市国家税务局负责征收的说明，并在第二次开票时出示由北京市国家税务局开具的首次开票预缴企业所得税的税收缴款书或由外地总机构主管税务机关出具的企业所得税由国家税务局管理的证明。

（三）外地总机构在我市设立的分支机构按照《国家税务总局关于印发〈跨地区经营汇总纳税企业所得税征收管理办法〉的公告》（2012年第57号）规定执行。

其他如闽国税发〔2010〕91号文件规定，总机构企业所得税属国税管征的，项目部企业所得税由国税机关负责征收管理；总机构企业所得税属地税管征的，项目部企业所得税由地税机关负责征收管理。

广西壮族自治区地方税务局、广西壮族自治区国家税务局2010年第2号公告规定，持《外管证》来我区施工的区外建筑安装企业，应在开具建筑安装工程项目发票时，按照其实际经营收入的0.2%预缴企业所得税。

4. 如何理解

之所以列了这么多地方税务机关的情形，是因为小编想找到一个地方的处理依据，但是可惜，都没有“挑起盖头来”。各地基于国地税共同协调的角度，多是接受了国税管外来国税、地税管外来地税的模式，也有如广西归地税管理的情形。

需要关注的是，对于主管税务机关，如果当地国地税已划分好，估计地税也不征，如果没有划分，地税开具发票时征了，那是对方的税，主管税务机关应包括国税或地税，没有规定，地税也可能是对应的主管税务机关，没有任何一个规定说项目部必须对应“是不是一家人”来税款缴纳。当然非逼急了，说这就是项目部，估计也能争议一阵子。

一个企业缴的税款，就因为人家不明白交错税务局，就不让人家抵减？再说，所得税国地税一样，都是按 6∶4 在国家与地方财政之间分配。小编后来又找到企业的案例，如北京国税管户，到外地地税缴纳了所得税，回来也有顺利抵减的案例，所以小编不能给出绝对的结论，更多是建议我们的税收政策应从维护纳税人的利益出发，同时税务同志也不是机械地理解文件。也建议我们上面总机构当地的税务机关，既然如此言词凿凿，能帮我们将春风吹到对方地税，退税后，我们交给国税，能得到抵扣吗？不能光拿我们说事啊！

5.2 资产负债表日后事项的处理

什么是资产负债表的日后事项？依据企业会计准则的规定，资产负债表日后事项，是指资产负债表日至财务报告批准报出日之间发生的有利或不利事项。财务报表批准报出日，是指董事会或类似机构批准财务报告报出的日期。

有的税务机关的同志认为应按会计结账的报表来计算纳税申报金额，而不是按调整后的资产负债表事项来申报。在实践中，我们一般是取得最终会计师确认的会计报表进行利润总额的填写，与审计报告一致，不做上述还作为第二年数据的所得税处理基础。

但是我们要注意，有的时候纳税人上一年的账已经结了，无法再打开账套重新录入期后事项的分录，所以第二年追溯调整的处理，即上一年的明细账数据与会计报表的计算数据不对应，有差异，差异是第二年追溯调整的结果处理的。相当于有一个三不管地带的影响。这需要纳税人进行关注。

那么，如何来校验呢？我们通常是通过上年度的未分配利润加上当年度的损益再扣减掉企业分红的部分，计提盈余公积等部分后，应等于年末的未分配利润才对。

5.3 国内转让定价交易的调整力度如何

有时我们会非常“生气”，为何？同一个老板的公司，一个是软件企业“二免三减半”，一个是商贸企业，拼命将利润放在软件企业，给商贸企业留着一点儿东西，我们往往就会勇敢地去挑战：可比利润法，调整。可是这个调整的底气我们是不是充足呢？

《国家税务总局特别纳税调整实施办法》（国税发〔2009〕2号，以下简称2号文件）规定：

第三十条　实际税负相同的境内关联方之间的交易，只要该交易没有直接或间接导致国家总体税收收入的减少，原则上不做转让定价调查、调整。

据此，我们往往认为，造成了国家税款的流失，依照实施办法的规定，进行处理调整。但是这种案例往往是“人民内部矛盾”，比较少，出现则会引起大家充分的关注，不是不建议你们调整吗，那么多外资在哪儿？快去找找吧。

我们看看新发布的修订征求意见稿是如何规定的：

第五十条　对境内关联方之间的交易，暂不适用本办法。

一下子不好用了，那我们还有什么办法来处理此类问题呢？上位法？所得税法？征管法？其实是可以不理睬这个 2 号文件的，直接拿所得税法法规来亮相的，就要调整，但是在具体的程序与办法上，如果没有 2 号文件的支持，恐怕又难以在内部得到操作，这如何是好呢？

我们该如何应对境内关联交易的涉税流失风险呢？

既然未来可能只有上位法可以参照，在具体的实践中，我们的税务机关的同志在处理此问题方面，有何招？不能装作看不见啊，再说有时也可以创造税源。

一个办法是从政策宣传的角度，评估纳税人，提示纳税人的风险，让纳税人主动承认“错误”，做出主动的调整；

另一个办法是直接进行调整，此时也不宜认为，办法说不适用就不能做了，只是在执行程序上，别有动静太大的不恰当处理为好。

所以，在税法不断完善，或者有重点进行管理的时候，地方税务机关如何实施征管的手段，就需要实践当中的创新了。比如境内关联方的外资企业之间，第一道环节没有考虑，第二道环节其交易性质可能就变化了，所采用的关注方式也会变化，所以还需要深入的关注。

5.4　固定资产盘盈处理的隐藏问题

这个问题主要是由会计处理与税务处理不一致造成的。企业会计准则规定：企业如有盘盈固定资产的，应作为前期差错记入“以前年度损益调整”科目。前期差错通常包括计算错误、应用会计政策错误、疏忽或曲解事实以及舞弊产生的影响以及存货、固定资产盘盈等，显然这里是要求作为差错管理的，因为像盘盈，一般是不正常的，从天上掉下来的吗？一定是之前年度有错吧！人家是这样理解的，当然通常是没有的，不过有的企业本身机构多，资产划拨频繁，因此做错账的可能性很高。

但是税务上是在盘盈时要求直接作为收入处理的，这就有了差异，有的时候我们没有关注资产负债表未分配利润的影响，这样就容易产生漏洞。

5.5　跨地区总分机构政策执行口径的困扰

大家估计都深有体会，我们的政策全国是一致的，但是解释却是不一致的，由此带来了诸多的“打架”口径，也影响了我们税法的刚性。在一个地方的纳税人还好，认认真真地执行当地的口径即可；但是如果是跨地区的总分机构呢？

一是，企业为了规避风险，这是真风险，总机构的口径严格，就全执行了，但是如果某个地方的口径更严格了，这个分支机构就执行更严格的口径，因此这种跨地区的口径问题，往往带来很多的税法层面的不稳定，确实需要好好梳理一下，不然企业的纳税成本、税务机关的管理成本，都是一种社会性的消耗。

二是，涉及地区之间的征管权、检查权，现在规定得还算清楚。相对来说，涉及备案、优惠享受等，更多是总机构税务机关的事，涉及资产损失的申报，需要二级分支机构的申报管理，这样彼此之间的监管就有了漏洞，也不利于主管税务机关对于异地分支机构检查的落实，而异地分支机构主管税务机关的检查，往往也只能掌握部分信息。

三是，涉及财政利益的划分，部分企业的分支机构因为有了登记，往往从“实质重于形式”出发，被要求在当地缴纳税款，如管道在当地、机器设备在当地，认为收入就是当地的，如此一来，从北京发一批货到广州，一路经过的省份都要交纳税款，交易发生地、客户都在广州，是不是要在广州计税？所以理解机构所在地与发生地产生了矛盾，甚至误解，这些都需要我们在政策层面再进一步明确。

5.6 清算时无法还清的应付款项，是否列为清算所得

如下文件摘自《天津市地方税务局 天津市国家税务局关于发布〈企业清算环节所得税管理暂行办法〉的公告》（天津市地方税务局、天津市国家税务局公告 2011 年第 6 号），算是比较有特色的一个规定

性资料。

1. 公告摘录

负债清偿损益，是指企业全部负债按计税基础减除其清偿金额后的余额。负债的计税基础为负债的账面价值减去未来期间计算应纳税所得额时按照税收规定予以扣除金额的余额。

企业清算前已确定不需支付的应付款项，应并入生产经营所得征税。企业清算期间确定的不需支付的应付款项，需并入清算所得征税。企业清算期间应支付但由于清算资产不足以偿还的未付款项，无须并入清算所得征税。

2. 分析

这里有一个难懂的表述，好像是个迷惑药，那就是计税基础是个啥东西。账面价值我们都知道，即账上的负债金额。但是计税基础＝账面价值－未来期间计算应纳税所得额时按照税收规定予以扣除的金额。什么是“未来期间计算应纳税所得额时按照税收规定予以扣除的金额”?

参照有的税务机关的通俗解释：“未来期间计算应纳税所得额时按照税收规定予以扣除的金额”是指企业在以前年度计提，但已按税法规定予以纳税调增的负债。

比如2013年计提工资薪金100万元，2013年度汇算清缴时做了纳税调增，现在清算还没有支付出去，所以当然是账面100－100（未来支付是可以扣除的，虽然现在关门了)＝0，清偿金额也是0，所以：负债清算损益= 计税基础－偿还金额＝0－0＝0，没有清算损益。

如果这100万元是货款，原来取得对方的发票，2013年度已税前扣除了，将来肯定是不能再税前扣除了，此时如果付不出去，计税基础＝100－0＝100，负债清算损益＝100－0＝100。

所以这个负债损益关键要看，原来对应的税前扣除有没有纳税调增过，别考虑太复杂的会计问题。

3. 关键意见

上面并非小编的主要表达目的，关键在于如下条款：

企业清算期间应支付但由于清算资产不足以偿还的未付款项，无须并入清算所得征税。

什么意思？如果有清算所得，要算进来，但是如果清算时资产不足以偿还，没钱还了，赖账也好，就这样了，没钱，对方也没有招，反正是不管了，没钱付债。所以就规定不要并入清算所得。

这一规定很有人情与合理性，毕竟要关门了，可怜一下吧。但是小编还是有不同的理解：

（1）无资产偿债是不是就可以不算清偿所得，当然这是对于清算企业的，对于持续经营肯定不行，但是清算与持续经营在税收确认规则上，小编认为还是一致的，这又不是损失、核销的处理。只能说无力偿还，是被动形成的所得的一种。

（2）是所得，本质除了无钱偿还之外，更大的结果还有无钱付税款，小编接触有的央企清算公司，借母公司的款很多，最后无钱还，算清算所得，没钱交税，税务局不敢松口，认为要有破产程序之类才行。债转股，不算所得曲折突破，可以根据债转股管理办法，要求作注册资本，因此只能在税收上突破说转投资了，这也是一个办法。但是无钱付税，估计这不是税务机关能决定的事。所以又推到前一环节认为不用确认为所得上面了。

（3）如果这一方不确认为所得，另一方将视为损失发生，去申报税前扣除损失，行不行？理论上国家整体上的这个链条是断的，只有损失，对方没有所得。当然可以解释为特殊情形，没有钱啊。

所以小编认为，从当下的所得税规则来看，这一突破是有利于纳税人的，也利于久拖不能办理的注销情形，但是也不宜大规模地铺开，毕竟还可能引起政策的漏洞与当下的所得税规则有出入，比如公司转移资产等恶意行为。

POSTSCRIPT

后记

本书选取郝龙航（第三只眼）工作学习笔记之精华内容，集结成册。面对企业所得税实务中的难点、疑点问题，同行们经常会一头雾水。本书旨在以点带面，为您答疑解惑，给您的工作带来一点实实在在的帮助。同时，真心希望您带着对问题的分析思考参与到我们的团队中，共同为行业发展做些力所能及的事情。

我们也将持续关注企业所得税实践中出现的新情况、新问题，不断推出富有价值的出版资料。

郝龙航

2015 年 12 月